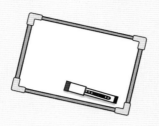

子どもが変わる!
ホワイトボード活用術

見る・聞く・書く・話す・参加するために

西村健一・越智早智

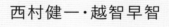
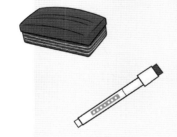
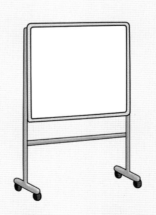
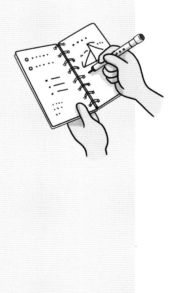

読書工房

はじめに

　ある日のことです。小学校から「子どもが字を全く書かないので、見に来てほしい」という連絡が私の職場に入りました。私は臨床発達心理士という資格をもっており、その頃は、県から委託されて巡回相談員をしていました。主な仕事は、幼稚園・保育所や小・中学校の通常学級に在籍する、集団の中でなかなかうまく適応できない子どもや問題を抱えている子どもの支援に関する指導や助言です。

　相談の連絡をもらった小学校に出かけて、国語の授業中の様子を参観させてもらいました。その子どもは授業中にもかかわらず、体を横に向けて「授業を受けないぞ」という意思を示しています。ふと見ると、子どもの横には鉄製の自立式のホワイトボードが置かれています。これは、教室の掲示物や廊下の様子など今取り組んでいる学習に関係のないものを、子どもから見えないよう隠して、気が散らないようにするというアイディアで置かれているものでした。

　そんな工夫にもかかわらず、子どもは、先生の方ではなく、ホワイトボードに向いていました。

　「○○くん、ノートに書こうね」

　「いやだ。絶対に書かない」

のやりとりがくり返されます。結局、授業中一度もノートに文字を書くことがありませんでした。

　しかし、私は不思議なことに気がつきました。子どもが授業中に向き合っていたホワイトボードに、何やらぎっしりと文字が書かれているのです。「マリオ」「ルイージ」などゲームのキャラクターの名前が、子どもの字でこれでもかというほど書かれていました。先生に聞いてみると、休み時間に自分で書いているとのことでした。私は正直、「なんだ！ この子は字を書くじゃないか！」と思ったのです。

それとともに、「ホワイトボードをうまく使えば、学びやすくなる子どもが増えるのではないか」とひらめいたのです。

　国語の授業において、書く場面は多くあります。「書く」ためには、鉛筆とノートにこだわらず、ホワイトボードなど使いやすいものがあれば、それを使ってもいいのです。

　私たちは、いろいろな研修会で「鉛筆とノートにこだわらなくてもいいのですよ。ホワイトボードを使ってもいいんですよ」と伝えるようにしてきました。最初は、「やっぱり、紙と鉛筆が基本ですよね」という反応があったのも事実です。しかし、柔軟な発想で実際に導入してくださった先生からは「ホワイトボードってこんなに使えるんですね！」といううれしい声を聞くようになりました。ただ、私たちが直接会ってホワイトボードの良さを伝えられる人数には、限界があります。ホワイトボードの有効性を再確認してくれる先生をもっと増やしたい、先生の向こうには助かる子どもがいるはずだから！という思いが強くなり、こうして本という形になったのです。

　私たちはこの本で、ホワイトボードを利用した子どもの支援に使えるさまざまなアイディアを提案したいと考えています。ホワイトボードの「書くこと」「消すこと」「示すこと」の３つのシンプルな機能が、子どもたちの毎日の生活の中で起きる困ったことやトラブルを解決に導いてくれるでしょう。

　ぜひ、現場の状況に合わせながら、ホワイトボードを活用してみてください。

　　　　　　　　　　　　　　　　　　　　　　　執筆者代表　　西村健一

も く じ

第1章 子どもたちにとって わかりやすく学習しやすい 環境づくりのために ……………… 6

教育相談などでよく話題に出る子どもたちの例 …………………… 6

見てわかるように示そう ………………………………… 9

書きやすく、消しやすくしよう ………………………… 10

ホワイトボードを使ってみよう ………………………… 11

ノート型のホワイトボードを使ってみよう ……………… 14

コラム 合理的配慮って、どんなこと？ ………………… 16

第2章 生活や学習の 場面ごとにみる ホワイトボード活用事例 …………… 17

1.学習の場面

▶ **書く** ・プリントに書くことが苦手・ノートに書くことが苦手 …… 18

・漢字を書くことが苦手 ………………………… 22

▶ **計算する** ・筆算がうまくできない ……………………… 26

▶ **図形の理解** ・図形問題が苦手 ………………………… 30

▶ **考える** ・作文の内容構成を考えるのが苦手 …………… 34

コラム 肢体不自由がある子どもへの支援で活躍するホワイトボート …… 38

コラム イレーザーは、持ちやすさ・消しやすさで、うまく選ぼう！ …… 40

コラム 便利グッズとノート型ホワイトボードの組み合わせ ………… 41

▶ 覚える 　　　・歌の歌詞が覚えられない・歌詞の意味がわからない・・・・・・ 42
▶ 集中・興味関心 　・絵本などのお話に興味をもてない・集中できない ・・・・・・・ 46

2.コミュニケーション
▶ 聞く 　　　　・集団のなかで指示が聞き取りにくい ・・・・・・・・・・・・・・・・ 50
▶ 話す 　　　　・自分の考えを発表することが苦手 ・・・・・・・・・・・・・・・・ 54
　　　　　　　・話し合い活動に参加しにくい ・・・・・・・・・・・・・・・・・・・ 58

3.社会的な場面
▶ ソーシャルスキル ・友だちとのトラブルが多い ・・・・・・・・・・・・・・・・・・・ 62
　　　　　　　・先生に言われないと行動できない・・・・・・・・・・・・・・・・ 66
　　　　　　　・行事に参加することが難しい ・・・・・・・・・・・・・・・・・・・ 70

4.日常生活の指導
▶ 意味内容の理解 ・手洗いや歯みがきの意味を理解する ・・・・・・・・・・・・・・ 74

コラム 災害時の**ホワイトボード活用** 　・・・・・・・・・・・・・・・・・・・・・ 78
コラム 絵本を選ぶときに気をつけたいポイント 読み聞かせに集中しにくい子どもに配慮して ・・・・ 80

第**3**章　ホワイトボードを使って
支援者自身が見つける
支援の方法とアイディア ・・・・・・・・・・ 82

「マンダラート」を使って支援方法を発見してみよう！ ・・・・・・・・・・・・・ 86
「氷山モデル」を使って支援方法を発見してみよう！ ・・・・・・・・・・・・・・ 92
マンダラートを使って支援方法についてチームで話し合ってみよう ・・・・・・・・ 96

コラム 支援は短距離走ではなく、長距離走で。・・・・・・・・・・・・・・・・・ 98

付録 ホワイトボード活用に便利なグッズの紹介 ・・・・・・・・・・・・・・・・・・100

第1章
子どもたちにとって わかりやすく 学習しやすい 環境づくりのために

> ✓ 教育相談などでよく話題に出る子どもたちの例

　教育相談には、子ども本人のほか、保護者、幼稚園や保育所、小・中学校の先生など、さまざまな人が相談に訪れます。相談内容は、本当にいろいろ。相談の中に出てくる子どもたちの様子をいくつか見ていきましょう。

◆よくしゃべる子どもだから、話していることを理解していると、大人からは思われている。
　けれども、独特な言葉の捉え方をしているために、友だちとのトラブルが起きる。

◆先生の指示を聞いて行動できていると、大人からは思われている。じつは、まわりの友だちがやっているのを見てなんとなく真似をしているだけなので、一人のときはどうしていいかわからず困ってしまう。

◆覚えておくことが苦手なので、先生が話したその瞬間は理解できていても、すぐ忘れてしまう。だから、いつも聞いていない子どもだと思われてしまう。

◆先生が話しているときに、手遊びをしていたり、ぼーっとしていたりして、聞いていない。

第1章　子どもたちにとってわかりやすく 学習しやすい環境づくりのために

◆字を書かない。

　鉛筆でうまく書くことができない。

◆消しゴムでうまく消すことができない。

◆板書をノートに写すのに、時間がかかる。

◆自分の意見や感想をまとめて書くことがとても苦手。

　こういった状況を改善するには、どうしたらよいのでしょうか？

💡 見てわかるように示そう

　話した言葉はすぐに消えてしまいます。その内容をきちんと理解できていなかったり、取り違えていたり、覚えていられなかったりしたら、困ってしまうかもしれません。

　わかっているかどうか、子どもにもう一度聞き返すことも大事ですが、指示内容やその場の状況などを、子どもが自分の目で見て確認できるように工夫してみましょう。

　たとえば、こんなときにこんなふうに──。

◆文字を書いて、状況を説明する。　　　　◆予定を文字や絵で知らせる。

◆準備する物の写真を見せる。

> 先生がこれから出す指示内容を短くわかりやすく書いて提示すると、子どもたちは安心して、話を聞いたり、見通しをもって活動したりしやすくなります。

💡 書きやすく、消しやすくしよう

　勉強したことを書き留めること、書き間違ったところを消して書き直すこと、自分の考えを文章に書くことは意外に難しいものです。その作業が負担になっているために、学習に支障が出たりトラブルを起こしたりしているかもしれません。

　子どもが書きやすく、消しやすい環境になっていれば、ストレスが減りますよね。

　たとえば、こんなときにこんなふうに——。

◆書く量や枠の大きさを
　工夫して、負担を減らす。

◆考えを整理して書き出す
　ためのワークシートなど
　を使う。

◆みんなに知らせやすく
　するために、自分の意見
　を書き出す。

💡 ホワイトボードを使ってみよう

学校や公民館、オフィスでの会議などでよく使われているホワイトボード。
　書いたり消したりしやすく、だれにでも手軽に使えるのが利点です。最近では、さまざまな大きさやタイプのものがあり、用途に合わせて使い分けができて便利です。

ホワイトボードの基本

① **ホワイトボード**
　大きさもいろいろ。掲示板タイプやノートタイプ（バインダータイプ）もある。

② **専用マーカーペン**
　太さもカラーもいろいろ。

③ **イレーザー（字消し）**
　詳しくは、p40を参照。

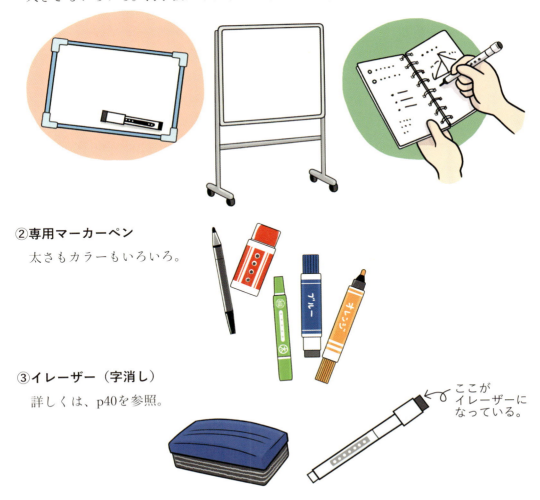

ここがイレーザーになっている。

ホワイトボードのいろいろな使い方

①書く　……すぐ書ける。書き間違えても、すぐに書き直せる。

　予定や持ち物などを書いておき、必要に応じて確認をしたり、先生が言ったことを忘れないようにメモしたりと、子ども自身が使うこともできます。

②消す　……すぐ消せる。消しゴムよりも軽い力で消せる。

　小さい子どもや手にまひがある子どもでも使いやすく、片手でも消すことができます。

③**見せる** ……学級全体に見せる。個別に見せる。

　学級全体に指示を出す場面などでは、ホワイトボードを立たせて全員に見えるようにしたり、必要な情報を聞き取ることが難しい子どもには、個別に見せたりすることができます。他の情報がたくさん書かれている黒板に書くよりも注目しやすくなります。

④**持ち運んで使う**　　……校外に持って行く。指示が必要な場所に持ち運ぶ。

　持ち運べるサイズのホワイトボードを使えば、他の教室や校外など、場所を選ばずに使うことができます。

💡 ノート型のホワイトボードを使ってみよう

このノート型ホワイトボードには、A3サイズ、A4サイズ、A5サイズ、新書サイズなど、いろいろな大きさのものがあります。

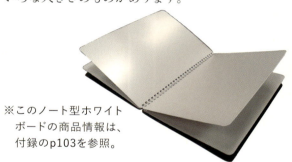

※このノート型ホワイトボードの商品情報は、付録のp103を参照。

ホワイトボード紙のページの間に、透明シートが付いているページがあります。

ノート型のホワイトボードでできる使い方

①ページを展開させる

ページがあるので、何段階かステップを踏みながら、情報を提示することができます。（p45、p49、p65参照）

②透明シートをホワイトボード紙に重ねて書く

シートが透明なので、重ねても下のページは見えます。透明シートの上に書いたものを消しても、下のページに書いていることは消えないので、くり返し使いたいときには便利です。

◆チェックリスト（p53、p69参照）や、スケジュール表など、書いたり消したりする作業が多いものに使う。

③透明シートとホワイトボード紙の間に、ワークシートなどをはさんで書く

◆マス目の入った紙をはさみ、図やグラフを作図しやすく工夫する。

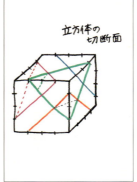

◀ページにマス目の入ったノート型のホワイトボードもある。（p105参照）

◆サッカーやバスケットボールのコートを描いた紙を透明シートの間にはさんで、ページに選手の動きを描いて、作戦を立てる。

◆なぞり書きの学習プリントをはさんで上から書く。
（p21、p25参照）

◆楽譜をはさんで、演奏のポイントなどを書く。

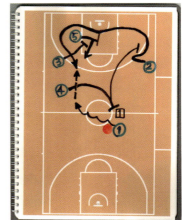

透明シートを使うメリット

・下のページに情報を追加して書くことができる。
・透明シートに書いたことを消しても、下のページに書いてあることは消えない。

第1章　子どもたちにとってわかりやすく 学習しやすい環境づくりのために

COLUMN

合理的配慮って、どんなこと?

　2013（平成25）年6月に制定された「障害を理由とする差別の解消の推進に関する法律（障害者差別解消法）」により、障害のある子どもが、他の子どもと平等に「教育を受ける権利」を十分に使えるようにするために、学校の設置者や学校が、必要で適当な変更や調整を行わなければならないことが明記されました。

　そして、この法律が2016（平成28）年4月1日から施行され、「合理的配慮」という考え方が一般的になりました。障害がある人がその力を発揮できるように、まわりの人たちは現実的に対応可能な範囲で支援をしていくというものです。また、「やればできる」「努力が足りない」と子どもに責任を押しつけるのではなく、一人ひとりの障害の状態や教育的ニーズなどに応じて支援内容を決めていくとされています。

●教育現場での「合理的配慮」として、文部科学省があげている例
（情報の収集や利用に困難がある子どもに関わる内容を抜粋）

さまざまな障害全般の共通内容には…

- ・障害の状態に応じた教科における配慮
- ・一人一人の状態に応じた教材等の確保

ＬＤ（学習障害）、ＡＤＨＤ（注意欠陥多動性障害）、自閉症などの発達障害のある子どもには…

- ・口頭による指導だけでなく、板書、メモ等による情報掲示
- ・個別指導のためのコンピュータ、デジタル教材、小部屋等の確保

　支援は、過度な負担になると続かないものです。高価な機器や操作が煩雑なソフトウェアなどを利用した支援よりも、手軽に入手でき、扱いやすいものを利用した支援のほうが現実的です。第2章で紹介するホワイトボードの活用事例は、着手・導入しやすく、一人ひとりのニーズに対応した情報掲示や教材の確保に役立つ内容ですので、ぜひ参考にしてください。

文部科学省「合理的配慮」の例が掲載されているウェブサイト
http://www.mext.go.jp/b_menu/shingi/chukyo/chukyo3/044/attach/1297377.htm

第**2**章

生活や学習の
場面ごとにみる
ホワイトボード
活用事例

1 学習の場面

 書く

プリントに書くことが苦手
ノートに書くことが苦手

　ノートやプリントに書くことが苦手な子どもがいます。
　授業中の様子を見ると、書くこと自体にいっしょけんめいで、学習内容を理解する余裕がないこともあるようです。
　また、ノートやプリントに書いたものの、書いた字を後から読み返すことができない子どももいます。授業のスピードについていくのも大変そうです。

考えられる背景
▼

✓ 枠の中や線に沿って書くことが苦手

　ノートやプリントの限られた枠の中に字を書くことを、苦手とする子どもがいます。
　どのくらいの文字の大きさで書けばきれいに収まるのか、見当をつけるのが難しいことや、不器用さなどが関係していると思われます。
　また、無理に枠内に収めようとして、小さな文字を書いたり、改行された文字が重なったりする子どもの場合は、後から読み返せないで困ることになります。

✓ 書く内容をいったん覚えることが難しい

　黒板に書かれたことを、正しくノートに書き写すということに時間がかかる子どもがいます。黒板からノートに書き写す短い間、情報をいったん覚えておくことが苦手なために起こります。

✔ 書くスペースが足りない

　プリント用紙やドリルには、問題や説明などの文章があらかじめ紙面に配置されており、式や解答を書くスペースは思いのほか狭いレイアウトのものが多くあります。

　考えながらとにかく書いていくうちに、スペースがどんどんと埋まっていき、書ききれなくなってしまうことがあります。

✔ 筆圧が弱い

　はっきり・くっきりした字を書くためには、しっかり鉛筆を持って筆圧をかけることが必要です。筆圧が弱い子どもは、指先に力が入りにくく、鉛筆を指先で支えて持ち続けることが難しいようです。

✔ 紙の質感が苦手

　紙には、じつにさまざまな種類があり、その感触もさまざまです。感覚がとても敏感なために、鉛筆でノートに書くときの感触を心地悪いと感じている場合もあります。

　「書く」という作業が、その学習ではどんな機能を果たしているのかについて、いま一度考えてみたいところです。覚えるために複数回書くこと、話の大事なポイントを記録に取ること、問題を解くことに集中し解答をきちんと記入すること……など重要視すべき点をおさえます。そのうえで、ノートやプリントに書く作業に取り組んだり、書きやすい道具（ホワイトボードなど）の使用を検討してみましょう。

1 学習の場面

ホワイトボードを使った活用のアイディア

1 ホワイトボードを使って考える

　紙に書きながら考えるということが苦手な子どもの場合、ホワイトボードを使うと、安心して何度も書いたり消したりすることができます。

　イレーザー（p11, p40参照）は軽い力で消すことができるので、消しゴムを使うときのように、紙がしわになったり破けたりする心配もありません。完成した文章は、写真に撮ってノートやプリントに貼るなど、学習の記録として残せるような工夫もできます。

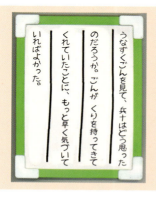

国語の記述問題や、発表の前に意見をまとめるときなどにホワイトボードを利用することができます。
字が斜めになっていく場合などは、ホワイトボード用の罫線引きテープなどで線を引いておくと、まっすぐ書きやすくなるでしょう。
＊罫線引きテープについては、p102参照。

2 字を書く練習に使う

　ひらがなやカタカナなどを新しく習う学習では、何度も書いて練習をする時間があります。形を正確に捉えて書くことが苦手な子どもたちは、書けば書くほど覚えるというわけではありません。少ない回数でも正しい字を書くことを大切にして取り組んでみましょう。

　ホワイトボードを使うと、うまく書けない子も書き直しやすくなり、紙の感覚が苦手な子にとっても取り組みやすいでしょう。

練習するスペースの横に見本の字を書いたり、枠を書いたりしたホワイトボードを準備します。書きやすい大きさや書く量、縦書きか横書きかなどは、一人ひとりに合わせて工夫するとよいでしょう。

［書く］プリントに書くことが苦手・ノートに書くことが苦手

ノート型ホワイトボード（透明シート付き）を使った活用のアイディア

1 ｜ くり返し書く（描く）

　透明シートを重ねた上から書くことで、再度使いたい内容は温存して、くり返し活用することができます。プリントをはさんで使う場合は、この透明シートが便利です。

はさんでいるプリント：
「ぷりんときっず」http://print-kids.net

なぞり書きなどのプリントをはさんだり、ホワイトボードのページに先生が書いておいたりします。透明シートの上に書いたことだけを消せるので、毎日継続して取り組む際には便利でしょう。書き直したい場合に、お手本の字まで消してしまうこともありません。

2 ｜ 書いたページを残す

　スマートフォンのアプリケーションを使って、ホワイトボードに書いた内容をデータとして取り込むことができる機能が便利です。書いた内容をデータとして残せば、日付やタイトルで検索して、後で見直すこともできます。

SHOT NOTEというアプリを使用
http://www.kingjim.co.jp/sp/shotnote/

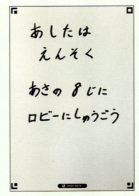

SHOT NOTEで取り込んだ画像

第2章　生活や学習の場面ごとにみるホワイトボード活用事例　　21

1 学習の場面

書く　漢字を書くことが苦手

　年齢が上がるにしたがって、漢字を正しく覚えられなくなる子どもが増えてきます。国語の授業中、「ほらほら、あと3回書いたら終わりだから」「しっかり見て書いて」など、先生の励ましが絶えず必要な子どもたち、「ぼく（わたし）は漢字を書きたくない」と、漢字への抵抗感を示す子どもたちについて、その原因と支援方法をみていきましょう。

考えられる背景　▼

✓ 書き写すことが難しい

　黒板の見本を見て、正しくノートに書き写すということに時間がかかる子どもがいます。「黒板からノートに書き写す短い間、いったん漢字を覚えておく」ということが苦手なために起こる現象です。
　また、「漢字の線が一本多い」「細かい部分を捉え間違えている」という様子が見られることもあります。これも、目から入った漢字の形に関する情報を正確に捉えることが難しいために起こる現象です。

✓ ノートの枠からはみ出る

　「書いてみると、となりの枠にまで大きくはみ出してしまう」「漢字のバランスがとれない」といったこともよくあるケースです。ノートの枠の大きさは、その子どもに相応で適切な大きさでなければ、書きにくさにつながるようです。
　また、十字の補助線が真ん中に入っている枠を使用した場合でも、補助線をどのように使って、バランスよく書けばいいのかわからないこともあるようです。

✔ 空中に漢字を書くことが苦手

　「それでは、人差し指を前に出して、空中で漢字を書いて覚えましょう（空書）」という場面があります。しかし、先生の空書のまねをすることにいっしょけんめいで、自分が空書した漢字の軌跡（筆跡）をイメージできない子どももいるようです。

✔ 消しゴムで消すことが苦手

　漢字を書き間違えたときに、消しゴムで思った通りに消せないだけでなく、一緒に紙まで破いてしまう子どももいます。そもそも、字が上手に書きにくい子どもは、消しゴムで器用に消すことも苦手な場合があります。

　漢字の学習では、習った漢字をノートにくり返し書いて覚えることが多いようです。そのため、書き間違いの多い子どもは、練習する量がどんどん増えていくことになりがちです。しかし、本当にそれが効果的な学習になっているでしょうか？「漢字ボイコット宣言」を子どもから出される前に、少し工夫してみましょう。

第2章　生活や学習の場面ごとにみるホワイトボード活用事例　◎ ◎ ○　23

1 学習の場面

ホワイトボードを使った活用のアイディア

1 | 大きな枠の中に書く

　ホワイトボードマーカーはペン先がよくすべるので、筆圧が弱い子どもでも書きやすい筆記用具です。さらに、間違えてもすぐに消せるため、簡単に字の練習ができるのが良いところです（枠は、ホワイトボード用の罫線引きテープなどで作ると便利です）。

①枠の中に書く

枠があることで、書く範囲が明確になるだけでなく、1文字の大きさや字形を意識して書く助けにもなります。

②へんとつくりなどを分ける線を引く

漢字を構成する部分のバランスに気をつけながら学習を進めることができるように、たとえば、「しんにょう」と右側のパーツを分ける線や、「冠」と下のパーツを分ける線など、大きさの目安がわかる補助線を引くと、書きやすくなります。

2 | 消しながら漢字を覚える

　何もない空間に漢字をイメージして書くこと（空書）が難しい子どもの場合、ホワイトボードが役に立ちます。練習したい漢字をホワイトボードに大きく書いておき、画数を数えながら指やイレーザーなどで消すことで、「覚える」ための学習ができます。

①指で消していく

実際に書いている線を消していくことで、漢字のどの部分をなぞっているかがわかりやすくなります。

②1画（パーツ）ごとに色を変える

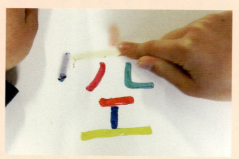

覚えにくい漢字の場合は、カラーマーカーなどを利用して、1画ごとに色を変えてみましょう。

[書く] 漢字を書くことが苦手

ノート型ホワイトボード（透明シート付き）を使った活用のアイディア

1 | なぞって書く

透明シートの下にプリントをはさみ、その上からなぞって書くと、正しい漢字をバランスよく書くことができます。下のプリントをはずすと、自分の書いた字だけが残ります。

①白抜きの文字をなぞる

白抜きの漢字プリントをはさむと、書く部分がわかりやすくなります。お手本が下にあることで、安心して書くことができます。

②1画ごとに色を変える

線の交わりが多い漢字などは、1画（パーツ）ごとに色を変えておくと、捉えやすくなります（教室に既習漢字のカードを掲示している場合には、そのカードを利用することもできます）。

2 | 漢字の成り立ちを説明する

イラストを使って象形文字などの漢字の成り立ちを説明することも、有効な支援です。たとえば「山」という漢字の場合、山のイラストを連想することで覚えやすくなります。形や意味、読み方などを関連づけながら楽しく学習することができます。

 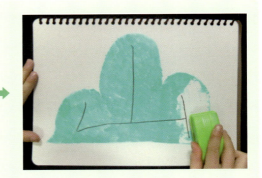

ノート型ホワイトボードに「山」の漢字を書いておき、透明シートを重ねた後、山のイラストを描きます。イレーザーでイラストを消していくと、下に書いておいた漢字「山」が浮き出てくるというしかけです。

1 学習の場面

計算する 筆算がうまくできない

　筆算は、大きな数のたし算・ひき算・かけ算・わり算（いわゆる四則計算）をしていくための便利な方法です。しかし、筆算をノートに書いても、なかなか正しい答えまでたどり着けない子どももいます。
　ここでは、筆算が苦手な子どもについて、考えていきたいと思います。

考えられる背景
▼

✓ 位(くらい)を縦にそろえて計算することが難しい

子どもの筆算の例：
縦のラインを揃えながら、枠内に
数字を書くのは難しい。

　ノートに書いていくのにいっしょけんめいで、筆算の縦の数字のラインがずれていく子どもがいます。そのため、計算を進めていくと、数字が見にくくなります。
　筆算には、位の数字がそろっていることが大切ですので、正しい場所に数字を書くことができる支援が必要です。

✓ くり上がりの数字と答えが混ざってしまう

　2桁以上のたし算やかけ算の筆算につまずく子どもがいます。
　計算の様子を見てみると、くり上がりの補助数字が小さく書けていないため、他の数字と混ざってしまうこともあるようです。補助数字を書く位置や大きさを明確に示してあげることで、筆算がわかりやすくなります。

✔ 注目するべき数字がわからない

　わり算の答え（商）が２桁以上になると、計算の手順も複雑で解けなくなる子どもがいます。わり算の筆算では、わる数とわられる数の距離も離れていき、その間に多くの数字が並ぶため、何度も見返す必要がでてきます。どこの数字に注目したらよいのか、どの順番で計算したらよいのかについて、視覚的に支援をしていくことが求められます。

　筆算は、計算の過程をその都度書いていけるので、暗算のように一時的に数字を覚え、頭のなかで操作しながら計算を進める必要はありません。

　また、筆算をすれば、大きな数の計算であっても単純な計算をくり返すことで答えにたどり着けます。

　算数の苦手な子どもたちにとってみれば、筆算は「算数の応援団」になる可能性を秘めているのです。つまずきやすいポイントに支援をしてあげることで、筆算が得意な子どもになってもらいましょう。

1 学習の場面

ホワイトボードを使った活用のアイディア

1 | 筆算の線と記号を書いておく

　ノートに問題を書き写すときに、数字を書き間違えたり、数字の下の線を定規で引いたりすることが苦手な子どもの場合、筆算の枠を最初からホワイトボードに書いておくと、書き写すときの負担を減らすことができます。

　線や記号は、ホワイトボード用の罫線引きテープや油性マーカーで書いておきます。そうすると、途中で数字を消して修正したいときにも、線まで消してしまって、また書き直すという必要がありません。

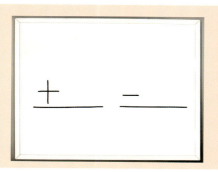

子どもの書く字の大きさや、一度に集中して取り組める計算問題の数に合わせて、枠の大きさも工夫して書いておきます。

※油性マーカーは、ホワイトボードクリーナーや除光液などで消すことができます。

2 | 補助数字用の枠を書いておく

　くり上がりの補助数字が上手く書けず、計算ミスをしたり答えを読み間違ったりする場合には、補助数字用の枠を書いておく支援が考えられます。

　適切な場所に、適切な大きさで補助数字を書くことができれば、計算間違いを減らすことができるでしょう。

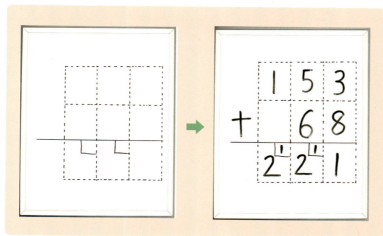

補助数字を書く場所を枠で囲って示しておきます。
枠の色を変えることで、より注目しやすくなる子どももいるかもしれません。

[計算する]筆算がうまくできない

ノート型ホワイトボード（透明シート付き）を使った活用のアイディア

1 ヒントシートを重ねて計算しやすくする

　大きな数字同士の計算で、どの数字とどの数字に注目して計算してよいかわからなくなったら、透明シートをヒントシートとして使う方法があります。
　重ねた透明シートの上から計算の順番を矢印で示したり、注目する数字を丸で囲ったりすることで、自分で筆算を進めていくための支援をすることができます。

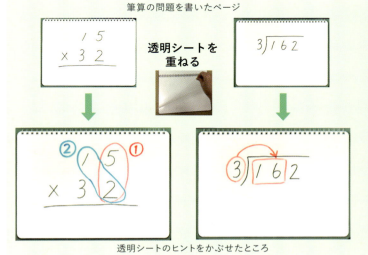

透明シートを使うと、必要に応じて、その場でヒントを示すことができます。透明シートのヒントを見ながらそのままシート上に計算を書くことができます。また、ヒントを確認した後、透明シートのヒントを外して、ヒントを見ずに、一人で計算を書くこともできます。自分で支援を受ける量を調整できるのがいいところです。

2 各位の列ごとに色を変えたワークシートを使う

　筆算の計算を書いているうちに位がずれてしまう場合には、位を意識しやすいような線や、各位の列ごとに色分けしたワークシートを使ってみましょう。
　式や途中の計算、答えの書き間違いや読み間違いを減らすことができます。

一の位の列、十の位の列と、位ごとに数字を書く列の色を変えたワークシートを使います。透明シートの間にワークシートをはさんで、何度もくり返し使うことができます。位ごとに色を決めておくと、見通しをもって数字を書き込みやすくなるでしょう。

1 学習の場面

図形問題が苦手

図形に関する学習は、形を用いた遊びとして、幼稚園や保育所に在籍しているころに始まります。

年齢が上がるにつれて、面積や体積を求める問題へと少しずつ難しくなっていきますが、図形問題が苦手な子どもは、図形を見て正しく把握すること（空間認知）が難しい場合が多いようです。ここでは、図形問題が苦手になる背景について考えていきましょう。

考えられる背景 ▼

✓ 形遊びに苦手意識がある

幼稚園や保育所では、積み木を積んだり、折り紙をしたりして遊んでいる場面によく出会います。

積み木遊びは、いろいろな形や大きさの物を積んだり並べたりして、図形問題の基礎的な力をはぐくむよい機会です。しかし、積み木や折り紙には、指先の微細な操作が必要です。

「積み木はしたくない」「折り紙は苦手」と思う子どもを無理に誘うのは、かえって逆効果。さまざまな大きさの□や△のマグネットシートとホワイトボードを使った形遊びは、苦手意識がある子どもでも楽しめる一つの方法です。

✓ 複雑な図形の面積や体積の問題が理解しにくい

面積を求める問題では、補助線を引くことによってわかりやすくなる場合があります。たとえば、Lの形の図形であれば、縦や横に一本補助線を入れることで二つの四角形になり、面積も容易に出せるでしょう。

プリントの場合、補助線を試行錯誤しながら記入していくと、汚れたり破れたりしてしまうこともあります。

試行錯誤しながら、何度も補助線を描けるように、ホワイトボードを活用します。

✔ 図形の重なりがわかりにくい

小学校の高学年になると、図形の重なりを理解して面積を求める問題が出てきます。

▷問題例：長方形の中に半円があります。半円以外の部分の面積を求めなさい。

この場合、複数の図形が重なっていることを理解する必要があります。印刷物の場合は、重なった図形を分解してみることは簡単にできませんが、ノート型ホワイトボードに付いている透明シートを使うと、個々の図形に分解したり、図形を重ねたりをくり返し試してみることができます。

図形問題に取り組むためには、自分で具体物を操作したり、頭の中で何度も試行錯誤を重ねたりすることが必要です。

プリントだけで理解を促すのではなく、子どもが「あっ！ できた。わかった！」と思えるような支援をしていきたいものです。

> **1　学習の場面**

ホワイトボードを使った活用のアイディア

1 　色板をならべる

　色板を組み合わせて好きな形を作る活動や、タングラムの問題では、磁石が付くタイプのホワイトボードが使えます。色板は、板磁石を切ったり、カードに磁石を付けたりしておくことで、ホワイトボードの上でずれにくく、一度作った形をそのまま保存することも簡単です。

①自由に形を組み合わせて形を作る

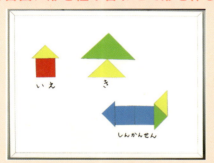

手先が不器用な子どもでも、作った形を壊すことなくたくさんの色板を操作することが可能になります。磁石で付いているので、黒板に立てかけたり、手で持ったりして発表することもできます。

②形作りの課題をやってみる

課題の形の枠をホワイトボードに描いておきます。
磁石の付いた色板を、考えながらぐるぐると回転させて並べていきます。難しい場合には、ヒントとなる線を書き加えたりしてもよいでしょう。

2 　マス目の付いたホワイトボードシートを使う

　マス目が付いていると、図形を捉えやすくすることができます。
　空間の認知が苦手な場合には、「右に、2マス…」など言葉で言いかえる工夫をしてみましょう。

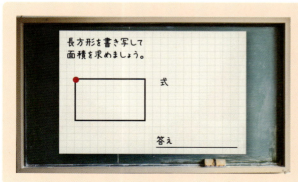

マス目の付いたホワイトボードシートを、黒板に貼って使います。
左の写真のような図形が示された場合に、1つの頂点を起点として、
「下に6マス、右に9マス、
　上に6マス、左に9マス」と
数えていくことで、(1マスを1cm×1cmと換算して)6cm×9cmの長方形を簡単にノートに書き写すことができるでしょう。

[図形の理解] 図形問題が苦手

ノート型ホワイトボード（透明シート付き）を使った活用のアイディア

1 | 補助線を引いて考える

　複雑な図形問題は、補助線を引くことで解きやすくなる場合があります。補助線の引き方に迷う場合には、ノート型ホワイトボードを使って、描いたり消したりしながら試行錯誤してみるといいでしょう。

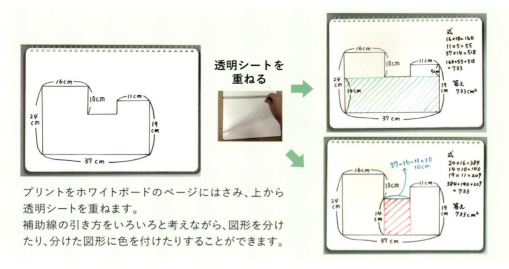

プリントをホワイトボードのページにはさみ、上から透明シートを重ねます。
補助線の引き方をいろいろと考えながら、図形を分けたり、分けた図形に色を付けたりすることができます。

2 | 図形の組み合わせを説明する

　図形が2つ以上組み合わさった問題では、面積を求める部分が捉えにくいことがあります。ノート型ホワイトボードを使うと、それぞれの図形を重ねたり分解したりして説明することができ、問題を解く順序を示すヒントにもなるでしょう。

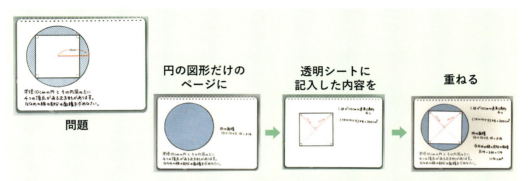

ホワイトボードのページに描いた図形の上から、透明シートに描いた図形を重ねると、図形の重なりを意識しやすくなります。面積問題の他にも、線の長さや体積、角度などの問題でも、重なりや要素を順に説明することが可能です。

1
学習の場面

考える

作文の内容構成を
考えるのが苦手

　遠足や運動会など、楽しい行事のあとには、作文を書く学習があります。しかし作文の時間になると、作文用紙を目の前に、まったく鉛筆が動かない子どもや、書いては消すことだけをくり返している子どもがいます。そんな子どもに個別に声かけをしながら、作文に書く内容を導き出していく先生も多いと思います。たとえば、「昨日の遠足、どうだった？　何をしたの？（何が楽しかった？）」と質問してみたとしましょう。以下のようなやりとりがあるかもしれません。

考えられる背景
▼

✔ 何を書くのか、要点を理解できない

　「朝、8時に校庭に集合して、そのあとトイレに行って、班ごとに名前を呼ばれて……」のように、その日にあったことを最初から順番に答えていくAさん。物事の軽重を判断し、ポイントを抽出することが苦手なようです。

　そのような場合、まずはいつものように、時間の流れに沿って、順番に事実を一通り書き出したあと、「みんなに、何を知ってもらいたいのかな？」というように、作文のポイントに気づけるような声かけをしていきましょう。

✔ 自分の興味・関心がピンポイントな内容に集中してしまう

　「遠足で乗っていったバスが20XX年製で、ナンバープレートの数字が……」と答える乗り物が大好きなBさん。遠足でのどんな場面を作文にすると、みんなとそのときの楽しさを共有できるのかが、よくわからないのかもしれません。

　そんなときは否定せずに、「バスでは誰のとなりだった？」「バスからは何が見えた

34

の？」「そのあと、どんなことをしたかな？」など、話題を広げ、テーマに沿った内容に誘導してみましょう。

✔ 書く内容を広げていくのが難しい

「公園、公園……」で止まってしまい、次が出てこないCさん。作文の主題はわかっているものの、そこから考えが広がらないようです。思考ツールの一つ「イメージマップ（ウェビング）」（p36参照）は、中央に置いたテーマをもとにして、連想するアイディアを中央から放射状に書き出していくものです。人の発想は、時系列に沿って整然と浮かんでくるとは限りません。「そういえば、こんなこともあった！ あんなこともした！」というように芋づる式に出てくることも多いようです。

支援の際には、インタビューする感じで、子どもの具体的な記憶を聞き出し、イメージマップに書いていきます。その日の写真を一緒に見たり、「そのとき、どう思った？」などと気持ちもあわせて聞いたりすることで、作文の材料がスムーズに集まっていくでしょう。

✔ どの順番で書いたらいいのか、わからない

作文の材料は集まったものの、何をどこから書き始めたらよいのかわからない子どもがいます。こういった子どもは、日頃から、計画を立てて行動していくことが苦手なタイプかもしれません。

頭のなかだけで考えていると混乱する子どもも、思いつくままに書き出した作文の材料を、内容ごとにグループ化して、グループ化したものを書く順番に並べ替えて、視覚的に整理していくことで、作文を書く作業に見通しがもて、取りかかりやすくなります。

ほかに、作文の感想がいつも「楽しかったです」という表現になってしまう、言いたいことがうまく言葉で表せないといった場合には、さまざまな語彙を意識することができるように、文例や言葉の例などを複数準備しておき、提示するとよいでしょう。

1 学習の場面

ホワイトボードを使った活用のアイディア

1 | 作文の材料になることをメモしていく

　いきなり作文用紙に書き始めると、途中で「あ〜、このことは前のほうに書いておけばよかった」と気がついて、最初から書き直しになるといったことが起こりがちです。

　作文のコツは、書くための材料集めをすることと、何度も書いたり消したりしながら推敲していくことです。作文を書く前に、大まかなメモを書いておいたり、どう書いてよいか迷ったとき、ちょこっとメモをして考えたりするときなどに、ホワイトボードが使えます。

イメージマップ（ウェビング）のように、作文のテーマを中央に書いて、思い出したことをつなげながら考えていく方法もあります。

ホワイトボードを使うと、書いたり消したりすることが簡単なので、どんどん書いていくことができます。

イメージマップを書く練習を何度かしていくと、子ども一人でもできるようになります。

2 | ふせん（短冊）を並べ替える

　書くことが苦手な子どもの場合、先生が質問をして答えた内容をふせんや短冊に書いて並べ替えるという支援が有効です。それぞれの内容をつなぐ言葉なども、すぐに書き込めるのがホワイトボードのいいところです。

①ふせんを並び替える

作文に書きたいことをふせんに書き出して、ホワイトボードの上で並べ替えたり、書き込んだりすることができます。内容ごとにふせんの色を変えて書いておくと、分類するときにわかりやすくなるでしょう。

②気持ちなどの言葉を選ぶ

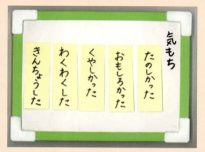

いつも同じ感想になってしまう場合には、気持ちを表す言葉をあらかじめいくつか示しておきます。選択肢を視覚的に示すことで、表現のバリエーションが増えます。書きたい内容（テーマ）を選ぶ場合などにも有効です。

[**考える**] 作文の内容構成を考えるのが苦手

ノート型ホワイトボード（透明シート付き）を使った活用のアイディア

1 │ ワークシートや写真を間にはさんでメモする

　作文の材料をメモする際には、テーマや目的に合わせて、質問に答える形式のワークシートにしたり、そのときの様子がわかる写真を準備したりすることで、先生の質問に答えるばかりでなく、自分で考えて言葉にすることができるでしょう。

①ワークシートに書き込む

「いつ」「どこで」「だれと」「なにを」「どうした」「どう思った」など5W1Hを書き込むことができるようなワークシートを使うと、思い出しながら、書くための材料を言葉にしやすくなります。

②写真の横に書き込む

書きたい場面の写真を選んで、ホワイトボードと透明シートの間にはさみます。こうすると、そのときの様子も思い出しやすく、透明シートを重ねて書くので写真が汚れる心配もありません。

2 │ 透明シートを重ねて校正する

　作文を完成させるまでには、書きたいことの順番を入れ替えたり、接続詞を付け加えたりする作業が出てきます。透明シートを重ねて書くことで、最初の文章を残したまま、違う言葉に変えたり付け足したりすることができます。また、直しを入れた部分だけを消せるので、気軽に何度も校正作業ができるようになります。

透明シートを重ねる →

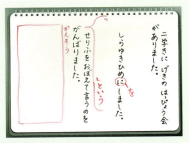

　教師が子どもの書いた文章を添削する際、赤ペンで直接修正を加えたり消したりすると、怒って泣いてしまう子どもがいます。子どもが書いた文章は残したまま、添削指導したいですね。
　そんなときは、子どもが書いたホワイトボードのページの上に、透明シートを重ね、透明シートの上から教師が文章の入れ替えや付け足しの指示を行うと、子どもも落ち着いて受けとめられるでしょう。

第2章　生活や学習の場面ごとにみるホワイトボード活用事例　　37

COLUMN

肢体不自由がある子どもへの支援で活躍するホワイトボード

　手指の動きが不自由であったり、姿勢を一定に保つことが難しい子どもも、ホワイトボードを使うと、楽に学習できることがたくさんあります。

　「ホワイトボード用のマーカーペンは、筆圧が弱い子どもでも書きやすく、消しやすく、簡単に書き直しができる」「イレーザーは消しゴムより軽い力で使うことができる」などの利点を生かした支援や学習の方法を紹介します。

計画を立て、表に記入する

　計画を立てる場合には、何度も書いたり消したりという作業があります。ワークシートのプリントを、ノート型のホワイトボードの透明シートの間にはさんで書くと取り組みやすくなります。

例）「校外学習の日程を考えよう」
①考えてほしいところだけを穴抜きにしたプリントを準備する。
②プリントを、ノート型ホワイトボードの透明シートにはさむ。
③透明シートの上に書き込んでいく。

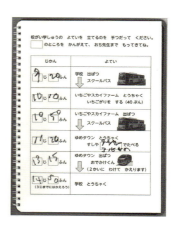

磁石付きカードを使い、並べ替えたり組み合わせたりする活動に

　磁石付きカードやマグネットシートを用意すると、試行錯誤しながら考えたりする活動がスムーズになります。磁石のくっつく力の強弱、利用場面や、子どもの握力・可動範囲などに応じて調整しましょう。

例）作文の構成を考える

　作文にしたいことをカードに書いて磁石を付けておくと、ホワイトボード上で入れ替えながら構成を考えることができます。ホワイトボードマーカーで内容を追加することも簡単です。

例）図形を動かす

　三角や四角などの図形をカードにし、磁石を付けておきます。ホワイトボードの上では動かすことも止めておくこともでき、組み合わせて形を作るなどの学習がしやすくなります。

イレーザーの工夫

　それぞれの子どもの動かせる力や動かせる範囲などに合わせて、イレーザーを工夫します。詳しくはp40を参照してください。

例）メラミンスポンジを手の大きさに合わせて小さく切り、
　　指が入るような穴を開け、指を穴に通して使用する

　指先の小さな動きだけでも、消すことができるので、可動域が小さい子どもや筋力が弱い子どもに消しやすくて便利です。

透明シートを使うメリット

　不意な動きなどで書いたものが消えてしまう場合、透明シートを重ねておくと、こすれたり消えたりする心配がありません。

　透明シートは防水なので、よだれが多い子どもにとって、保護シートの役割も果たしてくれます。

ノート型ホワイトボードを持ち、内容を示しながら発表をしている様子

COLUMN

イレーザーは、持ちやすさ・消しやすさで、うまく選ぼう！

　いろいろな種類のホワイトボード用イレーザーが市販されています。
　持ちやすさや握力の強さ、関節の可動域（身体にまひがある場合）などに応じて選んでみましょう。
　また、専用のもの以外にも、身のまわりの物を工夫して使うこともできます。

大きいイレーザー
一度に広い面積を消しやすい。

小さいイレーザー
小さい手にも持ちやすく、軽い力で消しやすい。

細長いイレーザー
手に持ちやすく、一度に広い面積を消すことができる。

丸みのある形のイレーザー
丸みに合わせて握りこむように持てるので、消しやすい。

専用マーカーの先のイレーザー
すぐに使える。細かいところを消すのに便利。

交換式イレーザー
シートが汚れたら、新しい面に取り換えることができる。

柔らかい布
どんな形にも変形するので、握ったり、上から手をのせたりしても消せる。

メラミンスポンジ
好きな形や大きさに切って使える。平面や角を使った消し方ができる。

ウェットティッシュ
乾いて消えにくくなった文字も、簡単に消すことができる。

写真提供：コクヨ、デビカ

COLUMN

便利グッズと
ノート型ホワイトボードの組み合わせ

鉄板をはさんで磁石が付けられるようにする

ホームセンターなどで市販されている鉄の薄い板を、ホワイトボード紙の下にはさむと磁石がくっつくようになります。

使用例
・グラウンドやコートを描いたページでマグネットを動かしながら作戦を練る。
・スケジュールやチェックリストに〈はじめ〉〈おわり〉のマグネットを付けて示す。

写真は、0.3mmの薄さの鉄板を使用。

マグネットクリップで黒板に貼る

それぞれのグループで考えたことや意見を書いたホワイトボードを並べて一覧できるようにしたいときは、強力なマグネットクリップではさんで黒板に掲示します。発表するときは、黒板から取り外して、グループの代表者が手に持って発表します。

ネックストラップや伸びるキーチェーンに通して、持ち歩く

いつでもどこでも使いたいという場合には、小さいタイプのノート型ホワイトボードに、ネックストラップや伸びるキーチェーンを付けて、首から下げたり、持ち歩いたりすることもできます。

イーゼル（画架）で掲示する

ホワイトボードに書いたことをクラス全員に見てほしいときや、掲示しておきたいときには、イーゼルやフォトスタンドなどが使えます。簡単に設置することができて、子どもたちの注目度も上がります。（p52参照）

1
学習の場面

覚える

歌の歌詞が覚えられない
歌詞の意味がわからない

　合唱の様子を見てみると、口をパクパクさせるだけで声を出していない子ども、まわりをきょろきょろ見て歌っていない子ども、リズムがとれなかったり、音程を合わせるのに苦労している子どもなど、さまざまな難しさをかかえている子どもがいます。

　ここでは、歌の歌詞がなかなか覚えられない子どもへの支援について考えてみます。

考えられる背景
▼

✔ 歌詞の意味がわからない

　卒園式や卒業式シーズンに、幼稚園や保育所、小学校の先生からよく受ける相談があります。「○○さん、卒園（卒業）の歌を歌ってくれないんです。保護者も見に来るので、どうしたものかと…」というものです。このような相談の場合、子どもが歌の意味自体を理解していないことが多いようです。

　たとえば、「アイスクリームはおいしい」という文の意味は、子どもにはすぐにわかるでしょう。なぜなら、子どもにとってアイスクリームは大好物で実生活に身近なものです。おいしくアイスクリームを食べている情景も目に浮かぶかもしれません。しかし、子どもたちの生活や経験からかけ離れた内容であったり、音と言葉と具体物がうまく結びつかなかったりすると、詩や文章からその意味を類推したり理解したりすることは難しいのです。

　歌詞の意味がわからないときには、絵や図などを使って視覚的な情報を提示してあげましょう。歌の情景を絵で表すことで、イメージがしやすくなります。ストーリー仕立てにしたりすると、よりわかりやすいようです。

　また、歌えている場合でも、歌詞について独自の間違えた解釈をしていることがあります。そんな例を2つあげてみます。

●映画『アナと雪の女王』主題歌『Let It Go―ありのままで』

「ありの〜　ままの〜　すがたみせるのよ」という歌詞の部分を聴いたあとに、「先生、アリのパパはどこにいったの？」と質問した子どもがいたそうです。

「ありのまま」を「アリのママ」と勘違いをしていたのです。

●童謡『虫の声』

「あれ松虫が　鳴いている　ちんちろ　ちんちろ　ちんちろりん…」という有名なフレーズのあと、「あーおもしろい」という歌詞があります。大きな声で歌いながら、「青も白い？　え？　青は白くないよ？」と勘違いし混乱している子どもがいたそうです。

　抽象的な概念を表す言葉や、形容詞、副詞などについても、文字や絵を使って、その意味を具体的に正しく伝えてあげることも必要です。

✔ 歌詞が長くて覚えられない

　読者のなかには、カラオケが趣味という方もいるでしょう。カラオケでは、モニター画面にメロディーラインに沿って歌詞が出てくるので、うろ覚えの歌でも安心して歌えます。もし、歌詞を暗記して何も見ずに自力で思い出しながら歌うということになれば、リラックスして歌うことは難しいでしょう。

　また、多くの学校の体育館には、檀上の横などに校歌の歌詞が掲示してあります。しかし、遠くにある歌詞を目で追いながら歌うというのは、大変難しい作業です。

　歌詞が長くて覚えられないのであれば、確認用の歌詞を手元に用意するというアイディアが出てきます。カラオケのように、歌っているところの歌詞がわかるようにできれば、なおいいでしょう。

　歌詞を手元で確認しやすくしたり、歌詞の意味を正しく理解したりすることで、歌うことがより楽しくなるでしょう。

1 学習の場面

ノート型ホワイトボード（透明シート付き）を使った活用のアイディア

1 | 歌詞に線を引きながら歌う

　歌詞を覚えて歌うことが難しい子ども、歌詞が掲示してあっても目で追い続けることができない子どもの場合、手元のホワイトボードに歌詞を書いて見られるようにしておくとよいでしょう。

　子どもに合わせて、いま歌っているところの歌詞を指差しながら歌う、文字を消しながら歌う、線を引きながら歌うなどの工夫をすることができます。

ホワイトボードのページに、歌詞を書き（または歌詞カードをはさみ）、透明シートを重ねます。歌の進行に合わせて歌い終わった歌詞の部分に線を引いていくと、どこを歌っているのかがわかりやすくなります。

透明シートに引いた線だけを消すことができるので、何度も歌詞を書き直すことなくくり返し使えます。

手元で見る場合、新書サイズのノート型ホワイトボードが持ちやすいでしょう。

［覚える］歌の歌詞が覚えられない・歌詞の意味がわからない

2 | 歌詞の情景を絵とストーリーで示す

　歌のなかには、歌詞に主人公が出てこない、言葉の取り方によって意味が変わるなど、歌詞の意味がわかりにくいものもあります。歌詞の意味がわからないながらも音の響きを覚えて歌っているような子どもには、歌の情景をストーリーで示す支援がよいでしょう。

例：『森のくまさん』

♪ある日、森の中

透明シートに次の展開がわかるようにイラストを描いておき、歌の進行にそって重ねていきます。
歌詞と情景が結びつきやすくなると、具体的な場面を想像しながら歌うことができます。
イラストが変化していくので、子どもたちもよく見てくれます。

あらかじめ、1枚目の透明シートにくまの絵を描いておく。

1枚目の透明シートを重ねる

♪（主人公の女の子は）くまさんに出会った

あらかじめ、2枚目の透明シートにお花の絵を描いておく。

2枚目の透明シートを重ねる

♪花咲く森の道…

JASRAC 出 1713158-701

第2章　生活や学習の場面ごとにみるホワイトボード活用事例　　45

1 学習の場面

絵本などのお話に
興味をもてない・集中できない

　幼稚園・保育所の先生や小学校低学年の先生からのご相談で、「絵本の時間になると、集団から外れてしまいます」「隣の友だちにちょっかいを出して、お話を聞きません」などの悩みをよく聞きます。ここでは、絵本の読み聞かせに参加しにくい背景を考えてみましょう。

考えられる背景
▼

✓ 聞きつづけるのが苦手

　活発なタイプの子どもは、おしゃべりなども得意なことが多いようです。絵本の読み聞かせの間は、「聞く」という活動がほとんどです。聞きつづけることが苦手であれば、つい友だちの耳元でしゃべってしまうのでしょう。
　読み聞かせは「先生が一方的に語り、子どもはずっと聞く」という状況になりがちです。子どもたちにも絵本のストーリー展開に参加してもらいましょう。その際、言葉だけで参加するのではなく、実際に手を動かして、絵本のキャラクターなどを操作してもよいでしょう。

✓ 注目するポイントがわからない

　多くの絵本は、背景も含めて細密に描かれ、多彩な世界が紙面いっぱいに広がっていて画風もさまざまです。子どもによっては、情報量として過多な場合もありそうです。たとえば、先生はストーリーに沿って主人公に注目してほしくても、木の実や虫、自転車の車輪など、全然違うところに気を取られているかもしれません。紙面の情報量を減らしていく「ひき算」の考え方をしてみましょう。

✔ 絵本のページ展開が退屈に感じ、あきてしまう

　子どもたちは、絵とストーリーから想像力を働かせて物語を楽しむのですが、絵本によっては、その見開きでのお話が非常に長く感じられる場合があります。お話が長く、絵が変わらないまま提示されつづけていると、子どもによっては退屈に感じ、先生がいくらうまい演出をした語りを駆使しても、あきてしまうでしょう。

✔ 語彙が少ないので、お話の内容を聞いてもわからない

　絵本の絵は、ストーリーをわかりやすくするための演出をする役割もしています。
　そのお話で使われている言葉（語彙）の意味が耳で聞いてわからなければ、ただの音の羅列にしか感じられず、物語も楽しめません。読み聞かせをする子どもたちの語彙力を考慮して絵本選びができていないと、集中して聞いてもらうことは難しいでしょう。

　絵本の読み聞かせは、話を聞く力をつけることに非常に役立つ活動です。
　また、本に興味をもち、一人で読むようになるための橋渡しの役割もします。
　絵本選びに注意するとともに、集中しやすく工夫されている場所かなども再度点検したうえで、子どもたちにも、絵本のストーリー展開に参加してもらう工夫をしてみましょう。

　＊読み聞かせに集中しにくい子どもに配慮した絵本選びについては、p80を参照。

1 学習の場面

ホワイトボードを使った活用のアイディア

＊ 読み聞かせの一部に参加型の活動を入れる

挿絵があっても話の内容がイメージしにくい子どもの場合、その場面が理解しやすいような参加型の活動を取り入れてみましょう。

ホワイトボードに絵本の一場面を取り出して、子ども自身が書いたり消したり、磁石を動かしたりすることで、ストーリーの中に入り込みやすくなるでしょう。

①絵をなぞる

「はなこちゃんが、スーパーに、お買いものに行きました」など、登場人物が移動する場面では、あらかじめホワイトボードに道を書いておくことで、子どもが道に沿って線を引く活動で、ストーリーを体験することができます。

②要素を描き加える

「雨が降ってきました」「お花が咲きました」など、新しいものが追加される場面では、簡単な線やイラストを描き加えてもらうことで、子どもに参加してもらうことができます。

③消していく

「りんごを食べました」など、物がなくなっていく場面では、あらかじめ描いておいた食べ物などをイレーザーで消してもらいます。〈話し手が指定した物を消す〉という課題を設定することもできます。

④登場人物を動かす

絵本の登場人物などをカードにし、磁石を付けておけば、ストーリーに合わせて、ホワイトボード上で自由に動かすことができます。

言葉だけではイメージしにくい様子を、動作をつけることでわかりやすく示したり、子ども自身が主人公になったように感じたりすることもできるでしょう。

[集中・興味関心] 絵本などのお話に興味が持てない・集中できない

ノート型ホワイトボード（透明シート付き）を使った活用のアイディア

＊ 動きのある画面展開で、ストーリーを順番に示す

　ホワイトボードのページが何枚もつづられているという特徴や、透明シートを重ねることで情報を追加したり、外すことで情報を削除したりできるという特徴を活かすと、ストーリーを順番に示すことができます。気が散る材料になるような背景の不必要な情報を取り除いて示せば、より絵本に集中して聞くことができるでしょう。

例：『かぐや姫』

おじいさんは、光っている竹を見つけました。

かぐや姫がうっすらと見えるように、真ん中の竹のところだけ緑色に塗った透明シートが、あらかじめ1枚重ねてある。

透明シートに、なたの絵だけを描いておく。重ねると、おじいさんがなたを持っている場面になる。

もう1枚透明シートを重ねる

おじいさんが、その竹を切ってみると…

透明シート2枚同時に外す

竹の中に小さな女の子が座っていました。

　このように、透明シートの下に描いた絵が少し透けて見えるところもうまく活用すると、おもしろい効果演出として使えます。

第2章　生活や学習の場面ごとにみるホワイトボード活用事例　　49

2 コミュニケーション

聞く

集団のなかで指示が聞き取りにくい

　教育相談に寄せられる内容の一つに、「個別だと指示が伝わるのですが、集団になると先生の指示が伝わらないのです……」というのがよくあります。
　集団のなかで、先生の指示内容をうまくキャッチできないと、行動が遅れてしまったり、まったく違う行動をしてしまったりして、トラブルの原因になることもあります。そういった状況が続くと、本人の自己肯定感もどんどん下がってしまいます。集団のなかで指示が伝わらない背景について考えてみましょう。

考えられる背景
▼

✓ 先生の話に注意を向け続けられない

　集団のなかには、子どもの気になることがいっぱいです。「友だちが新しいリボンをしている」「風でカーテンがひらひら揺れている」「遠くで鳥が鳴いている」「友だちがコソコソ話している」など、どうしても注意を向けたくなる刺激にあふれています。
　先生がいま話しているのだけれど、他に注意が逸れているために、先生の話の内容は部分的にしか伝わりません。「今日は、今から……です。みなさん、……の準備をしましょう」。この"……"のところがわからなければ、自分で動くことは難しいでしょう。
　このような場合には、子どもが適切なポイントに注意を向けやすい環境の調整が必要となります。集団のなかでも、「刺激が少ない座席の位置を工夫する」「気が散ってしまうような余分なものは見えないように隠す」といったことが必要です。
　伝えるべき内容を精選してホワイトボードに提示することで、より伝わりやすくなるでしょう。

✔ 話の要点をおさえられない

　先生が子どもたちに伝えたいことは、日々たくさんあります。

　たとえば、「明日は遠足ですが、雨でも行きますので、もし雨が降っている場合は傘を持ってくるのと、おやつを300円以内で買ってくることを忘れないようにしてください」と話をしたとしましょう。この話の要点は、「明日は、遠足です」「雨天時は傘を持ってきます」「300円以内でおやつを持ってきます」の3点ですが、いろいろな要素が詰まった長い文章で伝えてしまうと、大事なポイントを選び出すことが難しくなります。

　また、すべて話し言葉で伝えようとすると、子どもたちは要点を抽出できず、頭のなかから内容があふれてこぼれ落ちてしまいます。

✔ 理解できても覚えておくことが苦手

　集団での指示は、話し言葉が中心です。話し言葉は、話を聞いた直後から消えてしまいますから、情報量が多い場合には、要点ごとに短く区切りかつ具体的に提示するように心がけましょう。

　それに加えてホワイトボードにキーワードを書いていきます。これによって、もし聞き逃したり忘れてしまったりしても、子どもが自分で見て確認をすることができます。

2 コミュニケーション

ホワイトボードを使った活用のアイディア

＊ 情報を書いて提示する

　聞き取ることや覚えることが苦手な子どもは、話し言葉（聴覚情報）にプラスして、見てわかるもの（視覚情報）があることで、自ら進んで次の行動に移りやすくなります。

指示をした内容や、これから指示する内容をホワイトボードに書いて、イーゼルなどに立てておきます。
文字の理解が難しい場合は、イラストでも写真でもかまいません。
タイマーなども併用すると、よいでしょう。

ノート型ホワイトボード（透明シート付き）を使った活用のアイディア

＊ 個別に指示を伝える　〜場面に応じた支援

　持ち運びやすい小さいノート型ホワイトボードを携帯しておくと、いろいろな場面で個別に支援をすることができます。支援員の先生などと連携して、準備しておくとよいでしょう。

①することをたくさん指示されたとき

⇒行動を順番に示すことで、まず何をすればよいかがわかりやすくなり、全体の見通しも立ちやすくなります。

［聞く］集団のなかで指示が聞き取りにくい

②持ち物をたくさん指示されたとき

⇒チェックリスト形式に書いて指示することで、自分で確認しながら準備することができます。

③いまの状況がわからないとき

⇒「いつまで待つのか」「なぜ待っているのか」という状況を知らせたり、暗黙の了解となっていることへの理解を促したりすることで、安心して過ごしやすくなります。

④予定の変更があったとき

⇒何がどう変わるのかを、具体的に書いて示します。

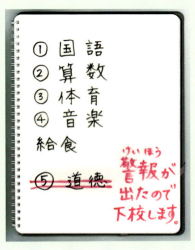

―― 2 ――
コミュニケーション

話す

自分の考えを
発表することが苦手

　人の前に出ると口ごもってしまい、自分の意見を言えなかったり、とりとめなく話をしてしまい、要点のわからない発言になってしまう子どもがいます。

（ 考えられる背景 ）
▼

✓ 発表の仕方がわからない

　授業で発表する場合には、話す順番や話し方がわからなければ、なかなか人前でうまく話すことはできません。子どもが自分で話し方のパターンを見て確認しながら、話せるようにする工夫が必要です。

✓ 頭の中が真っ白になってしまう

　発表するまでの過程には、じつは何段階もあります。
　　1．発表の内容を考えて「覚える」
　　2．手を挙げる
　　3．指名される
　　4．「はい」と返事をする
　　5．みんなの前に出る（その場に立つ）
　　6．覚えていたことを発表する
　同時に、そして順番に、いろいろなことに対処しようとして、いざ発表となったときに、覚えていたことを忘れてあせってしまい、フリーズしてしまうのです。脳の処理できる情報量は個人差があります。発表する内容について事前にまとめて書いておくと、頭のなかに覚えておくという労力を減らすことができます。

✔ 発表する内容を十分に理解できていない

　人に説明するためには、なんとなくわかっている程度では不十分です。発表する前に、どのように答えを導いたのか、そのプロセスをきちんと記録しておきます。自分の思考過程をきちんと確認しながら発表することができれば、説明もわかりやすくなります。

　近年では、子どもたちが主体的に学習活動を行う授業が重要視されるようになり、これまで以上に自分の考えを述べる力が求められています。発表の仕方についても具体的な支援をすることが、支援者に求められています。

2 コミュニケーション

ホワイトボードを使った活用のアイディア

1 | 自分の考えをまとめておく

　発表するときに、言いたかったことを忘れてしまう場合には、発表の前に自分の考えをまとめておく支援が有効です。
　発表したい内容を手元で見ながら、安心して自信をもって話すことができるように支援をします。
　ホワイトボードは何度も書いたり消したりできるツールですので、子どもが自分で考えをまとめていくことも比較的簡単です。

①箇条書きでメモしておく

話したい内容を箇条書きで書いて準備しておくことで、言い忘れることなく話をすることができます。

②話したい順番にメモしておく

話す順番がわからなくなってしまう子どもの場合や、起承転結のあるスピーチをする場合などには、話すことを順番にメモをしておくといいでしょう。

2 | ホワイトボードの裏に話型を貼る

　ホワイトボードに書いたことを見せながら発表をするときなどには、そのホワイトボードの裏に話型を書いた紙を貼っておくことで、安心して話しやすくなります。

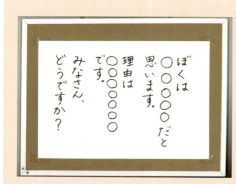

◀ホワイトボードの裏面

その場にふさわしい発表の仕方を書いた話型を準備しておきます。
ホワイトボードの裏に貼っていても、聞いている人からは見えないという利点を活かして、カンペ（カンニングペーパー）のように使ってみましょう。
ホワイトボード面と、裏面の両方を使うアイディアです。

［話す］自分の考えを発表することが苦手

ノート型ホワイトボード（透明シート付き）を使った活用のアイディア

1 | 話型を使って話す内容を考えておく

　発表場面になるとうまく話せなくなってしまう子どもには、一定のパターンを利用して考えをまとめておく支援が有効です。話す内容のすべてを一人で考えることは難しくても、穴あき部分を埋めながら文章の一部だけ考えるようにすれば、発表の原稿を作りやすくなるでしょう。

「ぼく（わたし）は、○○○と思います」「理由は△△△だからです」などの話型をホワイトボードのページに書いておきます。透明シートを重ねて○○○の部分、△△△の部分に自分の意見を書き込んでいくことで、発表の原稿ができあがります。

2 | 考えた過程を書いておく

　答えにたどり着くまでの計算が複雑な問題や、いろいろな求め方が考えられる図形の問題、グラフや表の読み取り問題など、発表の際に説明が必要なことがあります。
　その場合には、ノート型ホワイトボードの透明シートを重ねていくことで考えた過程を順に説明することができます。

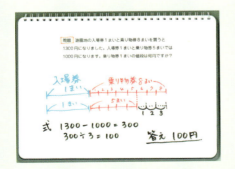 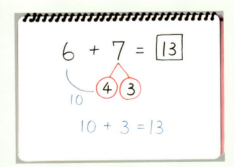

色も使い分けて、図解などを書くとわかりやすくなります。

― 2 ―
コミュニケーション

 話す　話し合い活動に参加しにくい

　話し合い活動は、学習場面や集団生活の中でよくある活動の一つです。
　しかし、自分の意見を言えなかったり、ずっと下を向いたままだったりして、なかなか話し合いの輪に入れない子どももいます。

（考えられる背景）
▼

✔ 話の流れがわからなくなる

　話し合い活動のために分けられた班（グループ）によっては、話し合いのテンポや展開が早いことがあります。そうなると、発言内容を考えている間に別の話題に変わるため、発言の機会を逃してしまいがちになります。話し合いを始める前に、進行内容がわかるようにすることで、話の流れについていきやすくなるでしょう。

✔ 話し合いの話題がテーマからずれる

　司会役の進め方などによって、テーマと話し合いの内容がずれていったり、余談の内容がおもしろくて脱線したりすることもあります。
　常に話し合いのテーマを確認できるように、テーマを見えるところに提示しておくことも大切です。

✔ 話を切り出すタイミングがわからない

　グループのなかに話好きの子どもがいる場合、その子どもばかりがしゃべってしまって、他の子どもは発言のタイミングが取りにくくなります。また、話の切れ目がわかりにく

いタイプの子どもが発言している場合は、まわりの子どもがいつ話を切り出していいのかわからなくなります。

✔ 話すこと自体が苦手

　自分から発信することが苦手で、話そうとするとすごく緊張してしまう子どもは、言葉がはっきり話せなかったり、小さい声しか出なかったりして、言いたいことがうまく伝えられない場合があります。

✔ 自分の意見や発言内容をまとめるのが難しい

　話し合いのテーマによっては、自分の立場を「YES」か「NO」かなど一つに決めて、意見を言わなければならない場合があります。頭の中で自分の意見や考えをまとめられず、話し合いのなかで何をどう発言すればいいか迷ってしまう子どもがいます。

　教育現場では、話し合い活動など協働的な学習をすることが重視されます。
　話し合い活動を充実したものにするために、どんな子どもにも発言の機会を保障する方法を取り入れ、個々の学びを深めることができるように支援をしていきたいものです。始める前に「話し合いのルール」を確認して、だれもが話の流れについていけるよう支援しましょう。

2 コミュニケーション

ホワイトボードを使った活用のアイディア

1 | テーマと進行表を見える場所に提示しておく

　話し合いを始める前に、グループの全員が見える位置（机の上など）に、ホワイトボードを置き、テーマや進行表を書いて示しておくとよいでしょう。

　ホワイトボードは、イーゼルなどに立てておくと見えやすくなります。ホワイトボードにテーマを書く係を担当することで、意識が高まる子どももいるでしょう。

①話し合うテーマを書いておく

話し合っている途中でテーマがわからなくなったり、少し話題がずれたときでも、すぐにテーマを確認することができます。

②進行表を示しておく

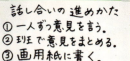

どんな順番で話が展開し、どうなったら終わりかをわかりやすく書いて示します。進行表順に1つずつ、確認しながら進めていきます。

2 | 意見をボードに書く。ボードを見せながら話す

　ホワイトボードを使うことで、「順番に発言する」「一人一回は発言する」「友だちの意見を聞いて発言する」などのルールを把握しやすくし、発言のタイミングを示したり、忘れてしまいがちな発言内容を書いてみんなに見せながら発表したりすることができます。

①個々の意見を枠内に書き込む

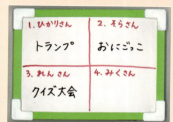

ホワイトボードに一人ひとりの意見を書き込むための枠をつくっておき、順番にまわして意見を書いていきます。ボードがまわってきたら、発言のタイミングです。

②ボードを見せながら話す

一人一枚ずつのホワイトボードを準備します。自分の選んだ番号や意見などを簡単に書いて、まわりの人に見せながら話していきます。自分の発言のメモがわりにもなります。

［話す］話し合い活動に参加しにくい

ノート型ホワイトボード（透明シート付き）を使った活用のアイディア

1 │ 意見を書き込みながらアイディアを出す

　アイディアをたくさん出すような場面では、グループでノート型ホワイトボードを囲み、意見を書き込みながら話を進めることもできます。キーワードから考えられるアイディアを、線で結びながら意見をまとめていくといいでしょう。
　透明シートを重ねることで、意見の追加や修正もわかりやすく示すことができます。

透明シートを重ねる

子どもがそれぞれ自由に書き込んだ場合でも、透明シートを重ねれば、同じ意見を囲んでまとめたり、似ている意見を線でつないだりすることも可能です。言葉だけでは混乱するような話し合いも、目に見える形にすることで整理しやすくなるでしょう。

2 │ 選択肢などを示して意見を整理する

　発言するときになかなか自分の意見をまとめられない場合には、事前に内容を考えておく必要があります。考えをまとめる支援として、ホワイトボードのページに選択肢を書いておき、透明シートを重ねた上から選んだり書き込んだりする方法が考えられます。

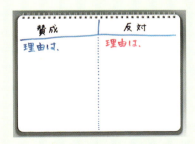  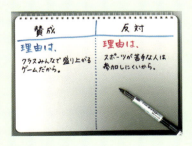

透明シートを重ねる

たとえば、「賛成」「反対」のどちらかに意見を決めるテーマでは、その理由を考えながら事前に意見をまとめておくという支援ができます。
書くことで、頭のなかを視覚的に整理できるように工夫してみましょう。
ノート型ホワイトボードであれば、何度でも意見を書き替えながら考えることが可能です。

3 社会的な場面

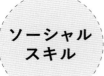
ソーシャルスキル

友だちとのトラブルが多い

　友だち同士の言い合いやけんかなどのトラブルは、集団生活のなかでは普通に見られる光景の一つです。子どもはトラブル自体やその後のふりかえりなどを通して、自分のしたいことを少し我慢する大切さや、相手にもいろいろな考えや気持ちがあることなどを学びます。また、人づき合いのコツを身につけ、成長するよい機会にもなります。しかし、同じようなトラブルをくり返してしまう子どももいます。

考えられる背景

✓ 自分独自のルールがある

　自分の知っている断片的な情報を組み合わせて、オリジナル・ルールを作ってしまう子どもがいます。マイルールがあることで安心して過ごせるのです。しかし、このオリジナル・ルールは、自分の都合に合わせて一人で勝手に作ってしまうので、まわりの友だちとは共有されていません。友だちが自分のオリジナル・ルールと違う行動をしたときに、トラブルは起こりやすくなります。活動の前に、共通ルールの確認をしておくことが、無用なトラブルを防ぐことにつながります。

✓ 相手の意図や気持ちが推測できない

　相手の意図や気持ちを推測することが難しい子どもがいます。なぜならば、相手の意図や気持ちは目に見えない（見えにくい）からです。相手の心（内面）について、文字や絵で視覚的に表していくことで、友だちとのトラブルの原因について理解を深めることができます。

✔ 気持ちや感覚の度合いがわからない

　気持ちや感覚は、人によって感じ方の度合いはさまざまです。たとえば、「イライラしている」という気持ちの表現には、微妙なイライラから爆発寸前まで、幅広い意味が含まれます。また、自分はたたかれたと感じても、相手は軽く肩に触ったつもりかもしれません。気持ちや感覚を数字などの客観的な指標に割り当てていくことで、自分や他人の気持ちや感覚がわかりやすく整理できることがあります。

✔ 先生の話に納得していない

　トラブルの仲裁に入った先生の話に、納得していない子どもがいます。最終的には、しかたなく「はい」とか「ごめんなさい」と言うのですが、また同じようなトラブルを起こしがちです。

　このようなケースでは、その子どもと一緒に、トラブルを避けるための行動パターンをできるだけ多く考えて出していきます。それらのなかから、その子どもが自分に一番メリットの大きい"対応策"を選ぶという方法が効果的です。

✔ 「ごめんなさい」と言って、とにかく事態を終わらせたがる

　トラブルの後にすぐ「ごめんなさい」とは言うものの、トラブルをくり返し起こす子どもがいます。「ごめんなさい」と言えば、とにかく事態が収まると思っている、ふりかえりや和解の過程が面倒くさいなど、理由はいろいろ考えられますが、結果的に人間関係のコツを学ぶことを放棄しています。解決方法を考えることにきちんと向き合う場面を丁寧に作っていく必要があります。

3 社会的な場面

ホワイトボードを使った活用のアイディア

1 | 気持ちや感覚の度合いを数字などで表す

　目に見えない「気持ち」や「感覚」のずれによってトラブルが起きている場合、数字でその度合いを表すことで、客観的にわかりやすくなることがあります。自分と他の人の感じ方に違いがあることを理解していくためには必要な支援です。

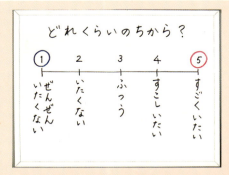 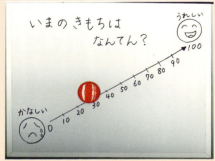

度合いを、3段階や5段階、100点中○点、リモコンのボリューム調整にたとえるなど、子どもに合わせて理解しやすい状況に置き換えて表します。
「友だちにたたかれた」というトラブルが起きている場合、「5の力でたたかれた」と感じていても、相手は「1の力でかすっただけ」かもしれません。
ホワイトボードを使えば、その場の状況に合わせて文字や絵で示すことができます。数字に○をつけたり、磁石を置いたりするとよりわかりやすくなります。

2 | 解決方法と結果を自分で考えて選ぶ

　トラブルを未然に防ぐ行動ができるようになるには、自分で解決方法やその結果について考え、納得していることが大切です。よくあるトラブルの場面を取り出して考えておくことで、同じような状況が起こったときにも備えることができます。

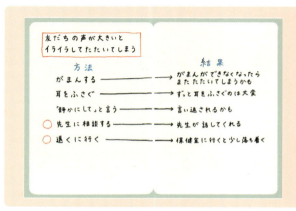

トラブルの状況を書きます。
そして、考えられる解決方法について、できるだけ多く挙げていきます。
思いつかない場合には、先生からアドバイスをもらってもかまいません。
さらに、それぞれの行動から予想される結果を書いていきます。
結果を比べてみて、自分に一番メリットがあり、取り組むことができそうな行動を選択してもらいましょう。
＊nu board JABARANを使用（p105参照）

［ソーシャルスキル］友だちとのトラブルが多い

ノート型ホワイトボード（透明シート付き）を使った活用のアイディア

1 | 共通の約束ごとを示しておく

友だちと一緒に遊ぶときの決まりごとや、暗黙の了解で理解されていることなどを書いて示しておくと、思い違いによるトラブルを減らすことができます。

サイコロを振る順番や、ブランコを交替する回数などの約束を、文字や絵で示しておきます。
この約束ごとは、先生や特定の子どもたちの間だけで決めるのではなく、オリジナル・ルールを作ってしまいがちな子どもも含めて納得して、決められていることが大切です。

2 | やりとりを視覚的に整理する

「言った、言ってない」「どちらが先に言った」などの状況をその場で整理したり、目に見えない相手の気持ちを理解したりしやすくなります。
書いて視覚的に示すことで、客観的に状況を捉えることができるでしょう。

(1) 言った言葉
言った言葉をそれぞれに聞いて書き込みます。

(2) そのときの気持ち
どんな気持ちで言ったのかを聞いて書き込みます。ここで、思いの違いが明らかになるかもしれません。

(3) 適切なやりとり
トラブルにならないような適切なやりとりをするには、どんな言葉を言えばよかったのかを一緒に考えて、書き込みます。

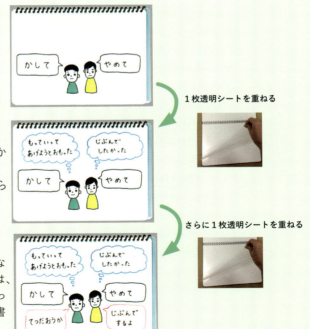

＊最後に、子どもたちが適切なやりとりを実際にやってみることが大切です。

3 社会的な場面

ソーシャルスキル　先生に言われないと行動できない

「次は運動場へ行くんだよ」「ハサミは準備したの？」と、常に先生から声をかけられている子どもがいます。先生は指示を出すのに精いっぱい、子どもは先生の指示を待っているようにも見えます。

そのような子どもには、「忘れ物が多い」「活動中に気がそれる」「友だちの様子を見てからしか動けない」といった特徴もありそうです。

考えられる背景
▼

✔ 言われたことをすぐに忘れてしまう

いろいろなことに興味がある子どもは、目や耳から次々と新しい情報が頭に入ってきます。その子どもが一時的にどの程度の情報を覚えていられるかにもよりますが、頭のなかは情報でいっぱいになり、過去の情報を忘れてしまいやすくなります。

そのようなときには、必要な情報を取り出して書いておくといいでしょう。話し言葉はすぐ消えてしまいますから、必要な情報を取り出して書いて残しておくのです。

✔ 実行する順番がわからない

言われたことは理解していても、「何を」「どの順番で」実行していけばよいのかわからない場合があります。大人にとっては、活動全体をイメージした指示であっても、子どもは断片的な情報しか捉えられないときもあります。伝える際には、どの順番で、どう行動すればよいのか、終わったら何があるのかを示してあげましょう。

✔ 言葉の意味がわからない

　先生が話した言葉の意味がわからなくても、子どもは「うん、うん」と聞いていることがあります。わかったふりをしておけば、その場はやり過ごせるからです。

　しかし、実際に活動するときにはわかっていませんから、先生が再度説明することになります。

　「さっき、わかったって言ったよね！」とついつい言いたくなりますが、子どもがきちんと理解できるように情報を提示できていたかどうかを再確認してみる必要があります。

✔ どのタイミングで活動を始めたらよいのかわからない

　いつも大人から「はい、次。○○しましょう」などの言葉かけがあるのを待っているのであれば、自分で判断して次の行動に入ることはなかなかできません。

> 〈まど開け係〉＊教室とろうかのまどをやる。
> ・朝：学校に来たら、まどを開ける。
> ・20分休み：2時間目の終わりのチャイムがなったら、まどを開ける。
> ・昼休み：給食を食べ終わったら、まどを開ける。

など、手順やタイミングが目で確認でき、何が終わったら何に進むかがわかるようにしておくことも大切です。

　始めや終わりのタイミングを知らせる手段には、チャイムやベル、タイマーなども使えますし、言葉かけに変わる合図を工夫しましょう。

　先生に言われて動くのではなく、子どもが自分で行動できるような支援を考えてみましょう。

3 社会的な場面

ホワイトボードを使った活用のアイディア

＊ チェックリストとして使う

　準備する物をたくさん言われたときや、することをたくさん指示されたときには、準備する物や、これからしなければならないこと（行動）を書き出したチェックリストを使ってみましょう。
　自分で1つずつ確認をすることで、主体的な行動に変えていくことができます。
「これらのことがすべてできたら、その後なにがあるか」
「これらのことがすべて済んだら、その後どんないいことがあるか」
「何のための準備なのか」
を示すことで、目的がわかりやすくなります。
　最初は、本人が好きなことや楽しみにしていることから始めるのがよいでしょう。

①準備する物を示した例

子どもの実態に合わせて、イラストで、準備する物を書き出しておきます。
それができたかどうかのチェックについては、「○を付ける」など、一人ひとり、その子どものやりやすい方法で行うようにするとよいでしょう。

②することを示した例

子どもの実態に合わせて、文字ですることを書き出しておきます。
それができたかどうかのチェックについては、「イレーザーで消す」「線を引く」など、一人ひとり、その子どものやりやすい方法で行うようにするとよいでしょう。

［ソーシャルスキル］先生に言われないと行動できない

ノート型ホワイトボード（透明シート付き）を使った活用のアイディア

1 共通の約束ごとを示しておく

　ノート型ホワイトボードでは、透明シートを重ねることで、くり返し線を引いたり○を付けたりして使うことができます。毎日必ずしなければならない活動や、準備する物がいつも決まっている場合に便利です。
　□などの枠を描いておくと、子どもが自分でチェックマークを付けやすくなります。チェックリストを使って自分で確認する方法がわかってくると、毎回印を付けなくても、見るだけで準備などができるようになってくるでしょう。

2 ホワイトボードを渡す＝行動開始の合図

　決まった時間までに片づけや準備をしなければならない場合に、自分で時計を見て行動を始めることが難しい子どもには、ホワイトボードを渡すことでそのタイミングを知らせることができます。
　ホワイトボードを渡された子どもは、自分でページを開いて、書かれている行動を順番にやっていくという流れです。先生に全部指示されなくても、自分で確認しながら行動できるように工夫することが大切です。

第2章　生活や学習の場面ごとにみるホワイトボード活用事例　　69

3 社会的な場面

行事に参加することが難しい

　学校では、季節の節目や学期ごとにじつにたくさんの行事があります。入学式・卒業式などの式典をはじめ、学芸会や運動会、遠足、校外学習……さまざまです。時間割に沿って授業が進む日常生活とは異なるために、参加することに苦手意識をもつ子どもたちがいます。適切な支援をすることで、その行事の意味を理解して参加できるよう工夫してみましょう。

考えられる背景

✓ 活動の内容がわからない

　遠足や校外学習は、いつもと違った活動場所で、いつもと異なる活動をします。
　たとえば、集合時間や活動場所、行動の内容について、それぞれ理解をすることが求められます。その日の活動内容について理解を促すために、「物語」を活用した説明が有効な場合もあります。

✓ 先生の指示の意味がわからない

　運動会の練習では「もっと元気よく演技しましょう」という指示が出ることがあります。「元気よく」するためには、体のどこをどのようにすればよいのでしょう？　それがわからない子どもは不安定な気持ちになりがちです。「元気よく」見えるためには、「手を大きく動かす」や「大きな声を出す」など、先生の意図していることが子どもにわかるように、具体的な指示にしていくことが必要です。

✔ スケジュールの変更が多い

運動会では、午前中の演技や競技が予想以上に早く進んだため、午後からの進行時間を早めることがあります。また、天気の関係で午後の演技が中止になることもあります。そのような場合には、変更されたスケジュールと、その理由がわかりやすく伝えられると、パニックを避けられるでしょう。

✔ 話（スピーチ）の意味がわからない

入学式や卒業式などの式典での来賓挨拶は、難解な言葉が使われるために、子どもたちには意味のわからない話になりがちです。そのような場合は、絵や文字で翻訳して伝え、わからない話をじっとがまんして聞かなくて済むような工夫が必要です。

✔ 座っている時間が長い

入場や退場、祝辞など、式典の一つひとつには時間がかけられます。少しの時間であれば座って待つことができても、長い時間になると本人の努力だけでは難しいので、一人ひとりに合った支援方法を考えサポートします。

✔ セリフやかけあいのタイミングがわからない

たとえば、送辞や答辞で「かけあい」がある場合、代表の一人の子どもが「みなさんと過ごした日々を」と言った後に、全員で「忘れません」と一斉に言うことがあります。「せーの」などの明確な合図がない場合が多いため、話の流れなどを覚えながら自分の判断でせりふを言うことが求められます。練習してもかけあいに参加できない子どもには、言うセリフやタイミングなどを個別に知らせる支援が必要となるでしょう。

3 社会的な場面

ノート型ホワイトボード（透明シート付き）を使った活用のアイディア

1 話の要点や内容を伝える

　祝辞などの話が難しくて理解しにくい場合、その話の要点を箇条書きにしたり、内容をイラストで伝えたりする支援が有効です。内容をすべて理解することが難しくても、大まかな内容を伝えることは可能です。

子どもの実態に合わせて、短い言葉やイラストなどで描いて説明します。
たとえば、「友だちと仲良くしましょう」という話題であれば、左の写真のような絵で説明するとイメージがわきやすいでしょう。話の展開にそくして、ページをめくってどんどん描くことができます。小さいタイプのホワイトボードを使えば、目立ちにくく、先生が隣で描いて見せることもしやすくなるでしょう。

2 送辞や答辞の原稿を見ながら参加する

　「かけあい」をしたり、順番にせりふを言ったりする送辞（答辞）を覚えて言うことが難しい場合、原稿を見ながら言うなどの支援が必要です。
　ノート型ホワイトボードに原稿を書いておくと、進行に合わせて終わったところには線を引いたり、注意したほうがよいことを書き込んだりしてくり返し使うことができるので便利です。

ホワイトボードのページに原稿を書き、透明シートを重ねます。
進行に合わせて、ホワイトボード用マーカーで線を引いていくと、せりふを言うタイミングがわかりやすくなるだけでなく、自分のせりふ以外にも注目しやすくなるでしょう。

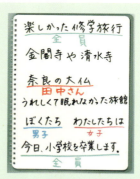

送辞や答辞の練習では、急に担当が変わったり、声の大きさなどを指示されたりすることがあります。そのような場合でも、すぐに書き込むことができるので、頭で覚えておくという負担を減らすことができます。

[ソーシャルスキル]行事に参加することが難しい

3 内容について事前に物語風に説明する

　ふだんと違う状況が苦手で行事に参加しにくい場合には、行事の前に、活動内容を説明しておくことが有効です。いつ、どこで、誰と、何をして、終わったら何があるかなどの情報を、紙芝居のように展開すると、子どもも理解しやすくなるでしょう。

①オリジナル紙芝居で、イベントの過程を伝える

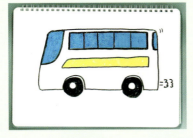

　これは、『遠足に行こう！』というオリジナル紙芝居の一部です。
遠足用のバスに子どもたちが乗り込んでいくという場面を表しています。
最初にバスの絵だけを見せて、そのあとに透明シートを重ねます。最後に、子どもたちの顔写真を1枚ずつ貼り付けていくことで、友だちとバスに乗って行くということをイメージしやすくします。子どもたちの顔をラミネート加工しておけば、くり返し貼り付けることが可能です。

②避難訓練のときにやることを説明する

　これは、避難訓練についての説明です。
地震の訓練では、あらかじめ防災ずきんの絵を描いておいた透明シートを重ねることで、「放送が鳴ったら防災ずきんを被る」ということを視覚的に伝えることができます。

③災害のイメージをイラストで伝える

　これは、火災のときの様子の説明です。
説明をしながら煙を描いたり火を消したりすることで、言葉だけではイメージしにくい状況の理解を促すことができます。

4 日常生活の指導

意味内容の理解

手洗いや歯みがきの意味を理解する

　手洗いや歯みがきなど「清潔さ」につながる行動は、健康に過ごすために身につけてほしい習慣です。しかし、手洗いや歯みがきを嫌がり、「やったよ〜」とうそをついたり、一刻も早く終わらせようとしてしまう子どもがいます。

　また、「はっくしょ〜ん！」とくしゃみをして、まわりの子どもにつばを勢いよく飛ばしてしまう子どももいます。

考えられる背景 ▼

✔ 清潔にする意味がわからない

　虫歯や体調不良の原因となるバイキンは、通常、目で見ることはできません。たとえ、「指の間にバイキンがいるからしっかり手を洗いましょう」と言われても、イメージする力の弱い子どもたちにとっては、いないも同然です。そもそも、見たことがないものはイメージすることも難しいでしょう。

　バイキンを見えるようにしたテスター剤などもありますが、毎回実施することは現実的ではありません。そこで、絵などを使い、バイキンを見える状態にして、清潔につながる動作を教えることが有効です。

✔ 感覚が過敏である

　手洗いの冷たい水を極度に嫌がったり、歯ブラシを口に入れるのを拒んだりする場合は、感覚の過敏さが原因となっている場合があります。嫌がっている子どもに大人が無理強いしようとすると、適切な行動が身につかないばかりか、子どもの心にいやなイメージを残すことになります。

感覚の過敏さが想定される場合は、子どもが受け入れやすい工夫をすることが大切です。たとえば、冷たい水が嫌なのであればぬるま湯を用意したり、歯ブラシの感覚が苦手なのであれば、スポンジ製の口腔ケアグッズを使ったりすることで、取り組めるようになるかもしれません。

✔ 次にしたいことがある

手洗いの後に、おいしいおやつや給食が待っているような状況では、一刻も早く手洗いを終わらせたい子どももいるでしょう。歯みがきの後にも、楽しい昼休みの時間が待っています。少しでも早く歯みがきを終わらせ、外に遊びに行きたいかもしれません。そのようなワクワクする子どもの気持ちを受け入れつつも、やはり手洗いや歯みがきを確実にするというルールを教える必要があるでしょう。

エチケットや清潔にすることは、自分やまわりの人の健康のためだけでなく、社会参加の前提としても大切なポイントになります。「しなければならないことだから」と強要するのではなく、「なぜしなければならないのか」をわかりやすく伝えてみましょう。

4 日常生活の指導

ホワイトボードを使った活用のアイディア

※ 次の予定を知らせる

「手洗いをしたらおやつ」「歯みがきをしたら昼休み」などの状況を伝えるために、ホワイトボードを使って予定を知らせる支援をすることができます。次に楽しい予定があるとわかると、見通しをもって行動できる場面も増えてくるでしょう。

文字や絵で予定を簡潔に示します。手洗いや歯みがきの次の予定は、本人が楽しみにしていることを選ぶといいでしょう。
また、歯をみがく時間などのきまりを書いたり、タイマーを併用したりすることで、みがく時間を意識しやすくなる子どももいます。

ノート型ホワイトボード（透明シート付き）を使った活用のアイディア

1 咳やくしゃみでバイキンが飛ぶことを説明する

口や鼻を覆わずに咳やくしゃみをすると、バイキンが遠くに飛んでしまうことを説明をする場合には、横に広がるタイプのホワイトボードを使うと便利です。「遠くに飛ぶ」ということが視覚的にもイメージしやすくなるでしょう。

バイキンが飛んでいる様子を絵に描いておいて、「こんこん」「はくしゅん」などと言うタイミングで広げたり、その場でバイキンが飛び散る様子を表す長い線を引いたりして説明します。動きもあってインパクトが強くなるので、子どもたちもよく見てくれるでしょう。＊nu board JABARANを使用（p105参照）

[意味内容の理解]手洗いや歯みがきの意味を理解する

2 | バイキンを消して説明する

　目に見えないバイキンはイメージしにくいために、手洗いや歯みがきの意味がわからない場合には、絵を使って視覚的に示してみましょう。透明シートの上から描いたバイキンの絵を消していくことで、きれいになるというイメージを伝えやすくなります。

①歯みがき

ホワイトボードのページに歯が見えるように口を描く。

バイキンを描いた透明シートを重ねる。

イレーザーを歯ブラシに見立てて「ごしごし」とこすっていく。バイキンが消え、歯がきれいに！

★すぐに終わらせようとする子どもの場合には、一定の秒数または回数ごとに
　バイキンを消していき、全部いなくなったら終わりと伝えます。
　それによって、目標の時間のあいだ、歯みがきをし続けることもできるでしょう。

②手洗い

ホワイトボードのページに手の絵を描く。

バイキンを描いた透明シートを重ねる。手にバイキンがいっぱい付いていると説明する。

イレーザーを石けんに見立ててこすっていくと、バイキンが消えて手がきれいになる。

★イレーザーに石けんの写真を貼っておくと、よりイメージしやすくなるでしょう。

③テスターで染まった部分を確認する

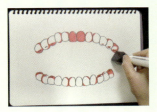

歯のカラーテスターや手洗いチェッカーの結果を、その場で見るだけでなく、絵に描いて示すと、汚れをより意識しやすくなります。ホワイトボードに透明シートを重ね、汚れとして残っている部分に色を付けると、洗い残しやみがき残しの箇所をわかりやすく示すことができます。

COLUMN

災害時の
ホワイトボード活用

　地震や台風などの自然災害が起きたときに、私たちは正しく情報を知り、理解することが必要です。停電時などでも簡単に便利に使える情報伝達の道具として、ホワイトボードがあります。ホワイトボードは公民館や職場、学校などで広く使われているので、小さい子どもからお年寄りまで、多くの人が使い方を知っています。

　いつ起こるかわからない自然災害に、日頃から備えておきましょう。

災害時の使い方

目で確認できる情報にして伝える

　話し言葉ではわからない人、話を聞き逃した人や、耳が遠くなったお年寄りには、ホワイトボードに書いて伝えます。文字で書かれた情報を理解しにくい人には、イラストも使って伝えれば、子どもや外国の人にとってもわかりやすくなります。

　たとえば、「避難所」という言葉だけではイメージができなくても、地震のときに人が多く集まっている場所の絵を描くことで、「あー！ わかった」と声を上げる人もいます。

楽しみとして活用できる

　避難所では電源や音などに制限があるため、スマートフォンなどは使いにくいでしょう。ホワイトボードがあれば、迷路や絵を描いて楽しむことができます。何度も消したり描いたりしてくり返し遊べます。

持ち運んで使う

　Ａ４サイズ程度のホワイトボードを使えば、必要な情報をメモしておいて、あとで見直すことができます。

　情報が掲示してある場所まで行けない人、移動が困難な人には、ホワイトボードにメモして伝えに行くこともできます。

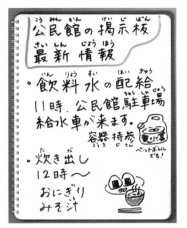

持ち歩けるサイズのホワイトボードに掲示板の情報を書き写した例

情報の更新・訂正をすばやくできる

　非常時には、さまざまな情報がたくさん出てきて混乱します。すぐ書いて、すぐ消せるのが、ホワイトボードの利点です。ノート型ホワイトボードの透明シートを重ねることで、情報を追加したり、以前の情報をふりかえったりすることも可能です。

これも便利！

災害時の被害や安否の状況、ライフラインや交通機関などの情報が整理・一覧できる紙製（シートタイプ）のホワイトボードです。
サイズ：
タテ594mm×ヨコ841mm
取扱い：欧文印刷株式会社

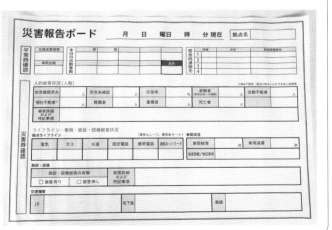

第2章　生活や学習の場面ごとにみるホワイトボード活用事例　79

COLUMN

絵本を選ぶときに気をつけたいポイント
～読み聞かせに集中しにくい子どもに配慮して

　子どもたちに読み聞かせる絵本は、ユーモアとやさしさがあるもので、子どもの精神的な発達や生活の実態に応じたもの、学びのポイントが意識しやすいものを選びましょう。

絵本の大きさ

　絵本には、大型絵本からポケットサイズまでさまざまな大きさがあります。小さいサイズの絵本は、数人の集団なら使えます。集団の規模によっては、大型絵本のほうが子どもが集中しやすくてよい場合もあります。

使われている色

　子どもに絵本の美しい絵を楽しんでもらいたいと思う人は多いでしょう。
　絵本に注目しにくい子どもには、色みが強く、あざやかな色使いで、コントラストがはっきりしているほうが、絵に注目しやすい場合があります。

『こぐまちゃんのうんてんしゅ』
わかやまけん・もりひさし・
わだよしおみ 作
こぐま社

描かれている絵

　はっきりわかりやすい絵であることは、とても大切です。水彩画や墨絵のようなふんわりしたおぼろげな絵よりも、輪郭がはっきりとした絵のほうが形を捉えやすいでしょう。また、背景がすっきりとしていることも大切です。ストーリーの中で大事な登場人物などに注目しやすい画面構成になっている絵本のほうが、お話に集中しやすいでしょう。

話の構成

　子どもはお話全体が短いと、見通しがもちやすくなります。1ページの文字は、3行程度までのものを選ぶと、内容が伝わりやすくなります。
　登場人物はあまり多くなく、身近な存在で親近感があると、子どもたちが絵本の世界に入り込みやすくなります。

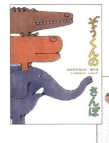

『ぞうくんのさんぽ』
なかの ひろたか 作・絵
なかの まさたか レタリング
福音館書店

話の展開

　1ページのなかで、話が次々と展開している絵本があります。1ページ1場面で話の内容が焦点化されていることが理解を促します。
　また、自分が経験したことや、これから遭遇しそうな日常の出来事が題材であると、自分のことのように感じながら、絵本を楽しめるでしょう。

『ゆうたはともだち』
きたやま ようこ 作・絵
あかね書房

くり返しのフレーズ

　言葉にリズムがあり、心地よいくり返しがあると、絵本に親しみをもちやすいでしょう。子どもがフレーズを覚えて一緒に言うと、盛り上がること間違いなしです。

『ねずみくんのチョッキ』
なかえ よしを 作
上野 紀子 絵
ポプラ社

第2章　生活や学習の場面ごとにみるホワイトボード活用事例　　81

ホワイトボードを使って支援者自身が見つける支援の方法とアイディア

✓ 支援方法を見つけることが簡単な時代

　最近は、支援方法を見つけることに関して、とても便利な時代になりました。

　インターネットで検索すれば、無料イラストやプリント教材が見つかりますし、それらをすぐに印刷することもできます。また、SNS（ソーシャル・ネットワーキング・サービス）を使えば、だれかとすぐにつながり、支援のアイディアを教えてもらうことができるかもしれません。特別支援教育に関する本もたくさん出版されるようになりました。

　また、支援方法が一つのパッケージになっていて、「このやり方をすれば、だれでも上質な支援ができます」と言われるものもあります。支援方法を導くためのフローチャート的なものもあり、即席で支援のアイディアを見つけることができます。

✓ 支援方法は手軽に見つけられても……

　しかし、安易に見つけてきた支援方法の多くはうまくいきません。目の前の子どもの実態を反映していない支援内容だからです。

　個性的で枠にはまらない子どもたちの支援ですから、パターン化された支援プログラムや、本に書いてある通りの支援のアイディアに当てはめて対応しようとしても、うまくいくわけがありません。

一人ひとりにカスタマイズ（その人の必要に応じて、設定を変更すること）した支援方法を見出すしかないのです。

✔ 支援に困っている先生の共通点

筆者（西村）は、巡回相談で保育の現場や教育現場をまわってみて、困っている先生に共通点を見つけました。

一つめは、「○○先生のアドバイスどおりにやってみたのですが、効果がなかったです」など、専門家の助言をあまり深く考えずにそのまま行っていることです。

二つめに、いろいろな専門家が関わっている現場ではよくあることなのですが、「○○先生と◇◇先生のアドバイスが違うのですが、どうしたらいいですか？」という質問です。

療育や児童心理などの専門家は、確かに、研究や調査に基づいた子どもの実態に関する情報や支援に関する方法論などをもっています。しかし、行動観察のためにやってきた専門家は、子どもの生活の一部分を見ることはあっても、ふだんの学習や友人関係など、日常生活全体を見ているわけではありません。だから、専門家からの助言は、ある一面については言い当てていても、ふだんの生活の諸条件に照らし合わせると「？」と思うような助言だったりすることもあるのです。

そう考えると、専門家の助言をそのまま行っても良い方向に進展することは難しいですし、専門家によってアドバイスが違うのも、子どもの生活の一場面しか見ていない人が分析するのですから、うなずけます。

✔ 現場で支援する人が本当に実施できる支援内容とは？

筆者らは、特別支援教育の専門家として、幼稚園や保育所、小・中学校の先生方から、年間100件近くの相談を受けてきました。相談に来る人は、それぞれ真剣に悩んでいますので、こちらももっている知識や情報を最大限使いながらアドバイスをしています。そして、アドバイスをしたケースについては、「あの先生の問題は解消できたのかな」「アドバイスは効果があったのかな」と心のどこかでずっと気になるものです。

ここで、あるエピソードをご紹介します。

4月ごろ、ある小学校の若い先生から「とても困っているので助けてほしい」という

相談がありました。「授業中、子どもが落ち着かないので、対応に追われている」ということでしたので、考えられる背景やいろいろな支援方法について、具体的にアドバイスをしました。

アドバイスをしてから3か月後、その小学校にお伺いする機会がありました。

そこで、電話相談してきた先生にアドバイスの効果を確認したところ、「子どもの状態は改善しておらず、うまく支援ができていないと思う」ということでした。

「アドバイスが間違っていたのかな…」と少し落ち込みながら、「どのアドバイスを実践してみましたか?」とお伺いしたところ、「いえ。ほとんど実施できていません」という予想外の答えが返ってきました。

「えぇっ??? どうして困っているのに、アドバイスを実施しなかったのですか?」と尋ねたところ、「私は特別支援教育の経験が浅いので、できるような気がしないんです」という答えが返ってきました。

4月からずっと、先生も子どもも困っているのです。しかし、私たち専門家のアドバイスを実施することは、その先生にとっては、とても負担だったようです。現場で支援する人が本当に実施できる支援策を考える難しさと大切さを、その先生は私たち筆者に教えてくれました。

✔ 支援のアイディアは支援者自身の中にある

それから、支援がうまくいかないときというのは、悪者探しを始めたくなるものです。
「他の先生が理解してくれない(先生同士の連携がうまくいかない)」
「子どもの発達が遅れている」
「支援の難しい障害だから」
「家庭環境が難しいから」
「予算がない」
「本当に頼りになる専門家がいない」など。
ないものやだめなことを挙げたら、きりがないほどです。
しかし、いくら嘆いても、突破口は見つかりませんよね。
「そうは言っても、自分たちだけでは支援方法がわからないから、こんなに困っているんです!」という声が聞こえてきそうです。
支援方法をめぐる迷路の出口は、どこにあるのでしょうか?

じつは、本当に適切な支援方法を考えられるのは、その子どものことを一番よく知っている担任の先生や保護者なのです。そして、専門家のアドバイスのなかで「支援者の自分ができることは何なのか」「実際に効果がありそうな支援方法は何か」を判断できるのも、身近な先生や保護者なのです。

　それでは、自分の頭のなかにある支援のアイディアに気づくには、どうすればいいのでしょう？

　まず、自分のもっている情報をどんどん出していきながら、子どもの課題になっていることのなかで、はじめにどれに取り組むのか、どのように取り組んでいけばいいかを整理していく必要があります。——子どもの抱えている問題について、一気に複数のことを解決できる支援というのはありませんので、一つずつじっくりいきましょう。

　具体的な支援について情報を整理する際に、次にご紹介する方法をぜひ使ってみてください。

　自分の力で支援方法を見つけることができるでしょう。

「マンダラート」を使って支援方法を発見してみよう！

　思考ツール「マンダラート」※は、3×3の9つのマスを埋めていく作業を通して、アイディアを発想していき、思考を深めていくことができるというものです。

　ここでは、マンダラートを参考に、支援方法の発見につながるように、また、教育現場に適応するようにアレンジを加えています。それでは、さっそく使っていきましょう。

※マンダラート：今泉浩晃氏によって1987年に開発された思考ツール。

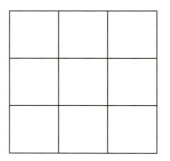

準備するもの

ホワイトボード3枚　　ホワイトボード用のペン（赤と黒）

写真提供：デビカ

ステップ1 ● 課題を探る

①1枚目のホワイトボードに、本人の課題と考えられるものを、9つのマスにランダムに書いていく。

②9つの課題のなかで、解決したい優先順位が高い順番に1．2．3…と番号をふっていく。

③順位の高かった課題を、今回は取り上げます。

課題 5	課題 3	課題 8
課題 9	課題 6	課題 1 ←
課題 2	課題 7	課題 4

86

ステップ2 ● 課題の原因を探る

①2枚目のホワイトボードのマス目の真ん中に、解決したい課題を、赤い字で書く 。

②その課題の原因と考えられるものを、周りの8マスに書いていく 。

③8つの原因のなかで、課題と関係の深いと考えられる順番に、1．2．3……と番号をふっていく。

④順位の高かった原因に注目して、次のステップに進む。

課題の原因 5	課題の原因 3	課題の原因 8
課題の原因 6	1番の 課題	課題の原因 1
課題の原因 2	課題の原因 7	課題の原因 4

ステップ3 ● 原因に対する支援のアイディアを考える

①3枚目のホワイトボードのマス目の真ん中に、ステップ2で順位の高かった原因を赤い字で書く 。

②その原因に対する支援のアイディアを周りの8マスに書いていく 。

③8つの支援のアイディアのなかで、実現可能で効果のありそうなアイディアの順番に、1．2．3……と番号をふっていく。

④順位の一番高かった支援のアイディアを実施していく。 もしそれがうまくいかないときには、2番目のアイディアに取り組んでいく。

5 支援の アイディア	8 支援の アイディア	7 支援の アイディア
6 支援の アイディア	1番の 課題の原因	3 支援の アイディア
2 支援の アイディア	4 支援の アイディア	1 支援の アイディア

これは便利！

ノート型ホワイトボードを活用すると、ホワイトボードをたくさん準備しなくても、一冊ですべてのステップを行うことができます。また、ホワイトボードのページに3×3のマスを書き、透明シートを重ねてアイディアを書き込むようにすることで、マスの線を消すことなく、何度でも文字や数字を自由に書きかえることができます。

具体的な事例に沿って、「マンダラート」を使ったアプローチをみていこう！

ここでは、二つの事例を紹介します。

ステップ1の「課題を探る」作業を通して、一つの課題にしぼりこんだ段階から見ていきます。課題の原因を探るステップ2 → 原因に対する支援のアイディアを探るステップ3と進みます。

ケース 1

幼稚園の年長クラスのかなちゃんは、絵本の読み聞かせの時間に集中して聞くことが難しい子どもです。すぐに、友だちにちょっかいを出したり、話をしたりします。「かなちゃん、前を向きましょう」と先生が声をかけると、しばらくの間は前を向きますが、すぐに同じ状態になります。

かなちゃんの担任の先生は、絵本の読み聞かせを聞くことが難しい原因について、マンダラートで考えてみることにしました。

ステップ 2

2 絵本に興味がない	4 注意・集中が続かない	1 ちょっかいを出すと、友だちが相手にしてくれるから
3 先生にかまってほしい	絵本の読み聞かせが聞けない	7 静かに聞くというルールがわかっていない
5 背景に気になる物が多い	8 視力が良くない	6 周囲がうるさい

考えた原因のなかから、課題と関係が深いと考えられる順番に数字を書いていきました。そして、一番順位が高いと想定した「ちょっかいを出すと、友だちが相手にしてくれるから」という原因に対する支援策を考えてみることにしました。

88

ステップ 3		
4 席を変える	6 ルールを決める	2 聞けているときに ほめる
1 最後まできちんと 聞けたら 花マルがもらえる ← ちょっかいを出すと 友だちが 相手にしてくれる		3 先生が友だちとの 間に入る
5 歌や手遊びを 取り入れる	7 本人と事前に 最後まできちんと聞く と約束する	8 家の人にほめてもらう

◆かなちゃんへの支援に選んだアイディア

　最後まできちんと聞けたら、ノートに花マルを書いてもらえる。

☀ この支援の未来につながるポイント

　絵本の読み聞かせを聞けるようになることで、かなちゃんには以下のようなメリットがあります。

・絵本を読む楽しさを味わうことができる。

・見る、聞くなどの力が身につくことで、情報を取り入れる力が育つ。

・絵本を介して、先生や友だちとやりとりすることができる。

ケース 2

小学校2年生のひさしくんは、友だちとトラブルを起こすことが多い子どもです。学校の休み時間は、サッカーがはやっているのですが、負けそうになると手を使ってしまったりルールを破ったりことが多く、友だちとケンカになることもしばしばです。自分のゴールにシュートをすることもあります。

ここの課題は、「サッカーでみんなと遊べない」です。ひさしくんの担任の先生と、マンダラートを使ってその原因を考えてみましょう。

ステップ 2

1 サッカーのルールを 知らない	4 ケンカをして プレーを 中断させている	2 ルールを守る 必要性が わからない
6 勝つことに こだわっている	サッカーで みんなと遊べない	8 時間内に必ず自分が シュートしなくては ならないと思っている
3 足でボールを 操るのが 苦手	7 チームプレーが できない	5 相手と自分のゴールが わかっていない

担任の先生は、ひさしくんはルールをわかっていると思っていましたが、そもそもサッカーのルールを知らなかったのではないかと考えました。ひさしくんの様子を見てみると、目の前に来たボールを蹴るだけのことが多く、ゲームを楽しんでいるようには見えませんでした。

そこで、「サッカーのルールを知らない」という原因に対する支援策を考えてみることにしました。

ステップ 3	1 ルールを 絵に描いて 説明する	6 簡単なルールにする	2 ルールを 文字で説明する
	4 チームごとに違う色の ビブスを着る	サッカーの ルールを知らない	8 全体が見える ゴールキーパーをする
	5 小人数でゲームをする	7 ルールを ビデオで説明する	3 先生と一緒にルールを 確認しながらプレーする

◆ひさしくんへの支援に選んだアイディア

　サッカーのルールを、絵に描いて説明する。

💡 この支援の未来につながるポイント

　サッカーを楽しめるようになることで、ひさしくんには、以下のようなメリットがあります。

・スポーツにはルールがあることを知り、ルールを守ることで、楽しむことができる運動の幅が広がる。

・活動を共有することの楽しさを味わうことができる。

ここに注意！

紹介した事例と同じような困りごとであっても、子どもが違えば、効果的な支援のチョイスも変わってきます。
本に書いてあるからといって、そのまま鵜呑みにしないで、自分が支援している子どもをきちんと見て、考えていきましょう。

「氷山モデル」を使って支援方法を発見してみよう！

　支援のアイディアが多く出てきて、マンダラートでは書ききれない場合は、「氷山モデル」という方法が使えるでしょう。

　ご存知の通り、氷山は南極などに浮いている氷の塊(かたまり)です。氷山の見えている部分はほんの一部であり、ほとんどは海中に沈んでいます。私たち大人に見えている子どもの行動は、水面からちょっと出ている氷の部分であり、その行動につながる原因は、海中の見えない部分にあると考えてみましょう。

※氷山モデル：ハーバード大学の心理行動学者であるマクレランド教授が提唱した理論で、現在では教育分野のTEACCHプログラムなどで使われている。

©Uwe Kils

準備するもの

大きめのホワイトボード1枚

写真提供：デビカ
ホワイトボード用のペン
（黒と赤、あれば青）

● **課題の原因を探る** ●

①ホワイトボードの真ん中に、海に浮かぶ氷山（海の中に沈んでいる部分も含めて）と水面（海面）を青いマーカーで描く。
②海面より上の見えている氷の部分に"課題"を書く。
③海中の氷の部分に"原因"を書いていく。
④海中の氷以外のところに、"原因"から線を引いて、"支援方法"を赤い字で書いていく。

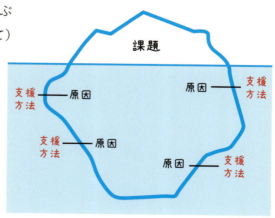

「氷山モデル」を使ったアプローチを具体的な事例でみてみよう！

ケース 3

小学校4年生のゆうたくんは、理科の時間になると、保健室で休みたがります。担任の先生は、ゆうたくんの要求に応えるようにしていますが、学習の遅れも気になっています。

「理科の授業を受けたがらない」ゆうたくん。担任の先生は、氷山モデルを使って、その原因や支援を考えてみることにしました。

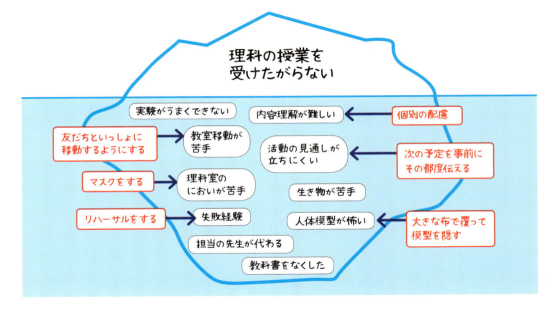

氷山モデルで、隠れている原因をたくさん見つけることができました。そのなかから、どの支援があれば理科の授業に参加できそうか、ゆうたくんと担任の先生は話し合いました。

◆ゆうたくんへの支援に選んだアイディア

次の時間の予定を、事前にその都度伝え、心の準備ができるようにする。

💡 この支援の未来につながるポイント

・苦手なことに対して、適切な支援があれば取り組むことができ、自信がもてる。
・避けていたこともやってみると楽しいという経験を積み、チャレンジする心をもつ。

ケース4

中学校2年のみさきさんは、友だちとの関係がうまくいっていないようです。「仲良くしたいのに友だちが相手にしてくれない」と訴え、学校も休みがちになっています。
「友だち関係がうまくいかない」みさきさん。担任の先生は、その原因や支援を考えてみることにしました。

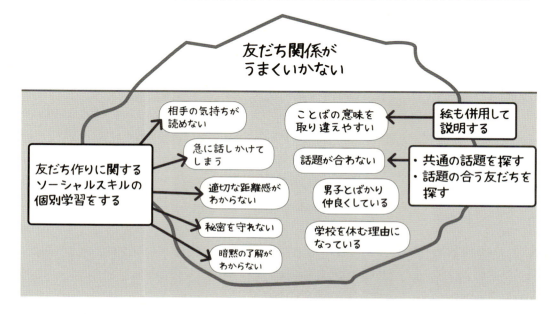

氷山モデルを使うことで、友だち関係がうまくいかないという問題の背景にも、多くの原因が隠れていることがわかりました。そこで、本人と相談することになりました。

◆みさきさんへの支援に選んだアイディア

友だちとのかかわり方について個別に学ぶ（SST=ソーシャル・スキル・トレーニングを学ぶ）時間を設ける。

💡 この支援の未来につながるポイント

ソーシャルスキルを身につけることで、コミュニケーションがうまくいったという成功体験を積み重ねられれば、うまくいかなかったときの作戦を自ら考えたり、自分だけで抱え込まず信頼できる人に相談したりするといった、前向きな姿勢が生まれてくる。

こんなときは どうすればいいの？ Q & A

Q：マンダラートのマスが全部埋まらないのですが、どうしたらいいでしょうか？

A：「三人寄れば文殊の知恵」という言葉通り、グループで話をしてみましょう。一人では思いつかないときも、アイディアが出てきます。

Q：マンダラートや氷山モデルを使って話し合いをするときには、グループはどのようにしたらよいですか？

A：あまり人数が多いと、1つのホワイトボードでは使いにくかったり、意見交換が煩雑になったり時間が足りなくなったりといったこともあるので、筆者が支援方法を考えるワークショップをマンダラートや氷山モデルを使ってするときは、3〜4名程度のグループで取り組むようにしています。

Q：原因は書けるのですが、そこから支援のアイディアがあまり出ません。

A：支援者一人で抱え込まずに、連携できる人がいるとすれば、その連携できそうな人と一緒に支援のアイディアを考えてみます。

また、原因を考えるとき「子ども」だけに焦点を合わせるのではなく、環境や設定、使用している道具、子どもの行動や思考の特徴、大人がふだんとっている行動や考え方についても見直すチャンスかもしれません。生育歴や家族関係など、働きかけが難しい点にスポットを当ててしまうと、支援のアイディアに結びつけるのは困難です。小さなことでもいいので、いまできることを書き出してみましょう。

Q：支援のアイディアが多く出て、マンダラートでは書ききれません。

A：それでは、「氷山モデル」を使ってみましょう。

Q：「マンダラート」と「氷山モデル」、どう使い分ければいいのでしょうか？

A：使いやすいほうを使えばいいだけなのですが、マンダラートと氷山モデルで迷ったときには、判断するポイントがあります。

マンダラートは、マス目の数に制限があります。人間は不思議なもので、制限があるとアイディアが出やすいものです。

一方、氷山モデルは、アドバイザー的な人がいるほうが使い勝手がよいようです。

マンダラートを使って支援方法についてチームで話し合ってみよう

　園や学校でのケース会議や、校内委員会などで、マンダラートを使ってみましょう。
　司会進行役がファシリテーター的な役割も務め、立場や役職を超えて、いろいろな意見をどんどん出せる雰囲気作りを心がけ、円滑な話し合いができるようにしましょう。

①課題をコンパクトに整理

　子どものいろいろな課題が気になっていたとしても、一度にたくさんの課題を解決することはできません。その子どもにかかわる人たちみんなで、生活や学習上における課題を書き出しながら、整理してポイントを一つにしぼっていきます。

②支援方法を出し合い、共通理解をはかる

　子どもは、園や学校でも、かかわる先生によって見せる姿が違うこともよくあるでしょう。先生一人が子どもの実態をすべて把握することは難しいものです。チームで支援方法を考えると、一人では思いつかないアイディアが次々と出てきます。

みんなで支援方法を考え、選ぶ過程を通して、自然とチームの共通理解ができていくのです。

話し合いが進むにつれて、最初に考えていた課題とずれていくということもありますが、それが的を射ている場合もあります。柔軟な気持ちで話し合いをしていきましょう。

③役職などにとらわれず、相互に意見を

実際の話し合いでは、「私はこれが1番だと思う」「これ、優先順位が高いんじゃないかしら」といった会話が交わされています。お互いにざっくばらんに意見が交換できる雰囲気づくりが大切です。

④ファシリテーターの役割が大切

意見が出なくなったときや、同じ人の意見が続いているときなどは、適切なタイミングでファシリテーターが話に入ることでスムーズに話し合いが進みます。また、時には少しの間、シンキングタイムを取ることも必要です。

ファシリテーターは、よくある生活や学習上の課題に触れたり、障害の特性から推測されることなどを話題に出しながら、多面的な話し合いができるようにヒントを提案しましょう。

⑤うまくいかないときは、またチームで考え直せばいいと割り切る

実施する支援をチーム全体で考えて決めると、それぞれの支援者も安心して取り組むことができます。支援がうまくいかない場合は、またチームで考え直せばいいのです。

COLUMN

支援は短距離走ではなく、
長距離走で。

筆者（西村）の経験から言うと、生活や学習における課題は、次々と現れ、就学前、小学校低学年（1・2年）・中学年（3・4年）・高学年（5・6年）、中学校という区切りで移り変わっていく傾向にあると思います。

就学前

3歳児健診、5歳児健診などで、「この子は何かあるのでは……」と、相談にあがってくることが多いようです。身辺自立や言語発達の遅れなどから、他の同年齢の子どもと比べて発達に凸凹があると発見される機会になっています。まだ、学習面というよりも、友だちとのトラブルなど集団生活面での相談が多い時期です。

小学校低学年

学校のルールを守れないという相談が目立ちます。忘れ物が多い、授業中に席から離れて立ち歩くという内容のほかに、学習面では、読み書きが苦手、たし算・ひき算などの習得が困難などの相談が寄せられます。

小学校中学年

子ども同士での行動範囲・生活範囲が広がり、学校のなかだけでなく、放課後の学校外での問題行動の相談が増えてきます。学習面では、国語や算数の難易度が上がるため、学習理解に関する相談も増加してきます。

小学校高学年

高学年からの特徴として、おとなしくてこれまで相談に上がってこなかったような子どもに関する問題が表に出てくるということがあるかもしれません。女の子の

なかには、女の子特有の会話についていけず友だち関係で悩んで不登校になったりするケースも見受けられます。学習面においては、これまでなんとか頑張ってきたものの、明らかに特定の教科で苦労しており、努力だけではどうしようもない状況になっている子どもも出てきます。

中学校

　集団生活や学習上の課題が複雑になる傾向があります。クラス以外に「部活動」という別の集団における課題、同性や異性の友だちに関する悩み、将来の進路に関する不安など、一度のアドバイスで解決することは難しい状況です。本人のペースや意向に合わせて、丁寧に一つひとつ課題解決の糸口をアドバイスしていく必要があります。

　ふだんの生活がうまくいっていない状況が続くことで、うつ症状などの精神疾患や反社会的な行動が出るなど、二次障害が見られることもあり、他機関との連携もより重要になってきます。

　このように、子どもの成長にともない、生活や学習における課題はどんどん変化し、必要な支援も変わっていきます。支援は、短距離走ではなく、マラソンであることを意識し、専門家のアドバイスを適宜受けながら、継続した支援を実施していきましょう。ある方法で一定期間継続的に支援してみて、その子どもにとって合っていない支援方法のようであれば、別の方法にスムーズに変更することも大切です。試行錯誤をしていくことが大事です。

　子どもに支援を行うのは、先生や保護者が今あるトラブルを解決してホッとするためではありません。

　生活や学習上に課題がある子どもは、理解ある支援者に出会ったり、自分の輝ける場所を見つけたりすると、想像以上の力を発揮します。支援を通じて、子どもが自分の能力を発揮し、自分の居場所を見つけ社会に参加していけるようにすることが目標となります。支援者は、目の前のことだけではなく、子どもの将来を見通しながら支援を考える力が求められているのです。

ホワイトボード活用に便利なグッズの紹介

付録

✓ いろいろなホワイトボード

● ミニホワイトボード

A4サイズまたはそれ以下の大きさのものは、手元で書いたり操作したりする活動に便利です。裏に磁石が付いているものは、書いてそのまま黒板などに貼り付けることもできます。

最近では、100円ショップで手に入れることができるものも多くあります。

写真提供：株式会社デビカ

● ホワイトボードシート

壁や黒板、机などに貼ってホワイトボードのように使うことができるシートです。色も、黒・緑・赤・青・黄など。

好きな大きさに切って使えます。裏がシールになっているものや磁石になっているものもあります。壁に貼ってお絵描きスペースをつくったり、カレンダーやメッセージボードとして使うと、くり返し書いたり消したりできて便利です。

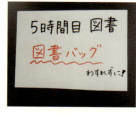

● **マス目入りのホワイトボードシート**

　ジャンボ　ホワイト・ＴＯＳＳノート（東京教育技術研究所）は、黒板に貼ることができ、算数で図形やグラフなどを書いたり、まっすぐそろった文字を書いたりするときに便利です。

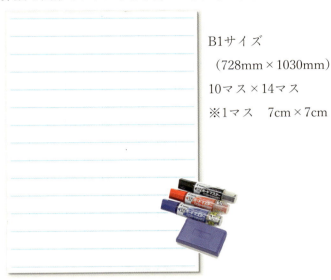

B1サイズ

（728mm × 1030mm）

10マス×14マス

※1マス　7cm×7cm

写真提供：愛知県小学校教諭　長谷川信雄氏

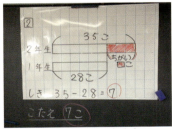

写真提供：大阪府小学校教諭諭　田中一智氏

● **透明シートが付いたホワイトボード**

　まなボード（泉株式会社）は、縦 410mm×横 590mmという大きいサイズのボードで、裏面にマグネットがあるので黒板に掲示することもできます。

　透明シートの間にはさむワークシートも、無料でダウンロードできます。

http://www.izumi-cosmo.co.jp/manaboard/download.html

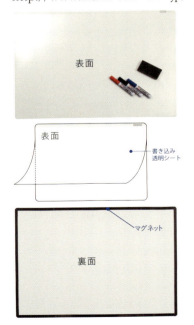

写真提供：泉株式会社

写真提供：
香川県小学校教諭
増井氏

付録　ホワイトボード活用に便利なグッズの紹介　○○○　101

✔ ホワイトボードといっしょに使うと活用度が上がるグッズ

● **ホワイトボード用カラーマーカー（赤・青・緑・オレンジ・黄色など）**

色を変えて書くことで、見せたい部分を強調させたり、多色使いで絵が伝わりやすくなったりするでしょう。

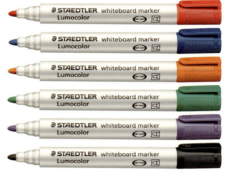

写真提供：ステッドラー日本株式会社

● **ウォータークリアペン**

水分に反応して消えるという特長のため、手でこすっても消えません。少しの間、残しておきたいことや、子どもたちに消してほしくないことなどを書くときに便利です。

協力：福岡工業株式会社

● **固形タイプのホワイトボードマーカー「キットパス」**

ニオイもなく、キャップをし忘れてもだいじょうぶ。消したときのカスや粉が出ません。間違って口に入っても安全です。

写真提供：日本理化学工業株式会社

● **ホワイトボード用罫線引きテープ**

ホワイトボードを線で仕切ったり、字を書くための枠を書いたりすることができます。好きな長さに切って使えるので、子どもが把握しやすいように線の太さや幅を調整したり書きやすい枠の大きさを作ることができます。

＊罫線の幅は、1mm、2mm、3mmなど用途によって選べます。

写真提供：コクヨ株式会社

❤ ノート型ホワイトボード「nu board（ヌーボード）」
～サイズと使い方を工夫するとこんなに便利！

写真提供・協力：欧文印刷株式会社

● **新書サイズ（104mm × 178mm）**

　手に持って書きやすく、携帯しやすいコンパクトサイズ。個別に支援が必要な子どもに使えます。

● **A4サイズ（223mm × 301mm）**

　A4のプリントが、ぴったり重なるサイズ。持ち運びがしやすく、個別学習や小集団での活動に向いています。

● **A3サイズ（310mm × 425mm）**

　大きいサイズで、すべり止めもついているタイプ。立てて使うこともできるので、学級全体への指示や、グループ活動に向いています。

すべり止め

付録　ホワイトボード活用に便利なグッズの紹介　　103

● nu board　SHOT NOTE タイプ　A5 サイズ

　スマートフォンの専用アプリ〈SHOT NOTE〉で撮影すると、ページの内容をデジタルデータ化して保存することができます。

　メモを残したいときや先生の記録用としても便利です。

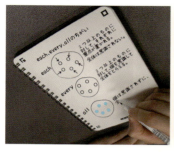 

● nu board LIGHT（113mm × 204mm）

　週の予定やToDoリスト、無地、方眼罫のページで構成されているものです。

　透明シートも付いているので、上書きをしたり、付箋を貼ったりすることもできます。

　予定や持ち物の管理を自分で行う場合にも使いやすいでしょう。

●nu board　JABARAN（ジャバラン）

　Ａ４サイズの４枚のボードがつながってジャバラ状になっているホワイトボードです。

　使う場面によって閉じたり広げたりと柔軟に使うことができます。片面が無地、片面が方眼になっています。

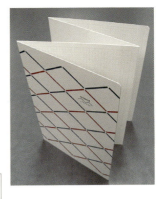

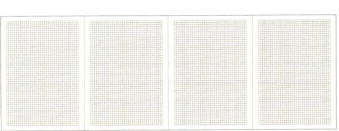

5ミリ方眼の罫線が入っています。

100円ショップをチェック!!

　100円ショップには、さまざまなホワイトボードグッズがあります。

　ちょっと試しに使ってみたいという方には、安価に揃えられるのでおすすめです。

　ホワイトボードも大・小さまざまなサイズのものがあるほか、シート状のもの、マーカー、イレーザー、マグネットなどがあります。

＊100円ショップの性質上、在庫切れになって、すぐ手に入らなくなってしまう商品もあります。

おわりに

最後まで本書を読んでいただき、本当にありがとうございました。

ホワイトボードの活用の本は、いかがでしたか？

使えそうなアイディアに出会うことはできましたか？

ホワイトボードは、これまでも、当たり前のように私たちの身のまわりにありました。執筆者の二人がホワイトボードに再注目するきっかけとなったのは、ノート型ホワイトボードの存在を知ったときでした。携帯性に加えて、ページ展開ができ、透明シートが装備されている――。「このホワイトボードは、教育現場で役に立つ道具になる」と直感しました。

私たちは自分たちの直感を信じ、ホワイトボードを活用した支援方法を、地域の幼稚園・保育所や小・中学校で披露していきましたが、現場の先生方から実際に「ホワイトボードは、役立ちましたよ！」という声を聞くまでは少し不安でした。

そして、地域の先生方から、私たちの想定を上まわるアイディアや使い方を教えていただくことも多々ありました。一緒にホワイトボードの活用方法を考えていただいた先生方には、本当に感謝しています。

こうして、「使えるはずだ！」という直感は、現場でその活用度や有効性の高さを実証していただくことで、確信に変わっていったのです。

本書の執筆・出版にあたりましては、読書工房の成松様、村上様に本当にお世話になりました。初めてお会いしたのは、瀬戸内国際芸術祭の旗がはためく春の高松港です。私たちの「全国の先生に、ホワイトボードを使った支援のアイディアを伝えたい」という強い思いを、書籍という形にしていただきました。

　時に、原稿が滞って前になかなか進まないときには、「伝えたいこと、表現したいことを、思いっきり書いてみてください！」と温かく応援していただきました。そのおかげで、なんとか出版というゴールまでたどり着けました。

　今日も、瀬戸内海にはさわやかな風が吹き抜けています。

　読者のみなさんも、本書のアイディアを参考にしながら、さらにいろいろなオリジナルのアイディアを考え出して、実践してみてください。

　この本が全国の先生方と子どもたちに少しでも役立つことを祈ります。

西村健一・越智早智

執筆者プロフィール

西村 健一（にしむら けんいち）

1972年生まれ。特別支援学校教諭。教育学修士。臨床発達心理士。ソフトウェアコンクールにて文部科学大臣奨励賞を受賞（2002年）。長年にわたり、幼稚園・保育所、小・中学校の現場において、教育的支援が必要な子どもに関する助言をしている。著書に、『特別支援教育における教育実践の方法—発達障害のある子どもへの個に応じた支援と校内・地域連携システムの構築』（ナカニシヤ出版）〈分担執筆〉、『肢体不自由児のためのタブレットＰＣの活用』（日本肢体不自由児協会）〈分担執筆〉などがある。特技は柔道（参段）で、指導者＆審判の資格を生かし少年柔道の指導にあたっている。

越智 早智（おち さち）

1986年生まれ。特別支援学校教諭。臨床発達心理士。2017年現在、教職大学院に在籍しており、教育現場におけるホワイトボードの活用術に関する研修会の講師も務める。ホワイトボードに関する学会発表としては、「保育現場におけるノート型ホワイトボードの活用」（2016年）、「保育現場におけるノート型ホワイトボードの活用2 —年齢とサイズの関係、効果を高める工夫のポイント」（2017年）がある。消しゴムハンコ作りが趣味で、休日は文房具類を見てまわることも多い。

読み書き障害のある
子どもへのサポート
Q&A

河野俊寛 著

学習障害の中でも「読み書き」に困難が伴うディスレクシアの子どもたちの特性と支援方法についてQ&A式でわかりやすく解説します。スマートフォンやワープロ、便利なアプリなど、さまざまな代替手段を紹介しています。●A5判・160ページ

【目次】
1　読み書き障害に関する基礎知識
2　読み書き障害の検査・評価
3　読み書き障害へのサポート方法
4　相談を受けてから支援までの具体的な例
5　巻末資料 (補助代替ツール、用語解説、ブックガイド)

※お問い合わせは、有限会社読書工房へ。
　　電話 03-5988-9160　ファックス 03-5988-9161　Eメール info@d-kobo.jp

大きな文字の漢字字典
小学校で学ぶ1006＋20字
上巻（あ〜し）・下巻（す〜わ）・さくいん巻　全3巻

発行：社会福祉法人桜雲会　　　企画・編集：有限会社読書工房

　小学校で学ぶ漢字1006字を（新たに2020年学習指導要領で追加になる20字を追加して）大きなわかりやすい文字で掲載し、形や読み、使い方が覚えやすいように配慮した字典です。判型：B5判　上巻548p・下巻488p・さくいん巻234p

●この漢字字典は、漢字を読んだり書いたりすることが苦手な子どもから大人まで幅広い人たちにとって、もっと漢字が身近になり、もっと漢字が好きになることを願って編集しました。

●特に、この漢字字典を使ってほしいのは、例えば次のような人たちです。
　・視力が弱いので、漢字の形をとらえたり、覚えたりするのが難しいロービジョン（低視力・低視覚）の人
　・視覚認知や視覚記憶が弱いので、漢字を書いたり読んだりすることが難しい読み書き障害のある人
　・日本語が母語ではないので、なかなか漢字を覚えることが難しい外国にルーツのある人

●この漢字字典では、上記のような利用者にとっての「使いやすさ」に配慮して、次のような工夫をしています。
　・用例の文は、読みをそのままに、活用形を使用しない。
　・漢字の形は、部首よりもさらに細かく、覚えやすいパーツに分解する。
　・日常生活や学校で使用する教科書で出会う言葉を中心に紹介し、漢字の使用場面をイメージしやすくする。

※お問い合わせは、社会福祉法人桜雲会へ。
　　電話 03-5337-7866　　　ファックス 03-6908-9526　　　Eメール ounkai@nifty.com

ページの見本

- **漢字の形は分解図を見ながら、ここで確認。**
- **掲載されている巻（上・下）とページ番号**
- **読み**
  音読みはカタカナ、訓読みはひらがな（送り仮名は「｜」以下の細い字）で示しています。
- **漢字をイメージしやすいテーマごとにグループ分け**
  〈体〉〈家族〉〈季節や時間〉〈料理や飲食〉など、45のテーマに分類。覚えやすいグループをつくりました。
- **漢字の形を覚えやすく分解してタイプ分け**
  左右型・上下型・屋根型・片かけ型・下支え型・両かまえ型・囲み型の7タイプに分類し、ページ上に分解図を示しています。
- **小学校で習う学年**
  ※2020年学習指導要領で追加になる20字については、「＊（アステリスク）」で示しています。
- **用例**
  その漢字を使った言葉や文を示しています。
  用例は、読みをそのままに、活用形を使用しない文で掲載しています。

●この漢字字典で使用した書体について

　小学校の教科書や参考書、漢字ドリルなどでは、一般に「教科書体」という書体が使われています。しかし、教科書体という書体は、筆書きの名残が強く残っている書体で、起筆や終筆の形が複雑となっているため、漢字学習で苦労している人のなかには、漢字の骨格を理解する際に妨げになっているという声もあります。

　そこで、この漢字字典で使用した書体は、漢字の骨格がわかりやすい単純な要素で制作するとともに、筆順にも配慮しています。

※この書体に関心のある方は、有限会社字游工房へ。
　電話03-5389-7756　info@jiyu-kobo.co.jp

教科書体と丸教体の比較

子どもが変わる！
ホワイトボード活用術
見る・聞く・書く・話す・参加するために

2017年11月30日　初版第1刷

著者
西村健一・越智早智
編集人
村上 文
発行人
成松一郎
発行所
有限会社 読書工房
〒171-0031　東京都豊島区目白3-13-18　ウィング目白102
電話：03-5988-9160　ファックス：03-5988-9161
Eメール：info@d-kobo.jp　http://www.d-kobo.jp/

装幀デザイン
諸橋 藍（釣巻デザイン室）
本文・扉・表紙イラスト
いしだ未紗
印刷・製本
株式会社 欧文印刷株式会社

©Nishimura Ken'ichi & Ochi Sachi　2017　Printed in Japan
ISBN978-4-902666-36-6 C0037

落丁・乱丁本は、送料小社負担でお取り替えします。